human engineering and universal design new tide

増補版 人間工学と
ユニバーサルデザイン 新潮流

実践ヒューマンセンタードデザインのものづくりマニュアル

ユニバーサルデザイン研究会編

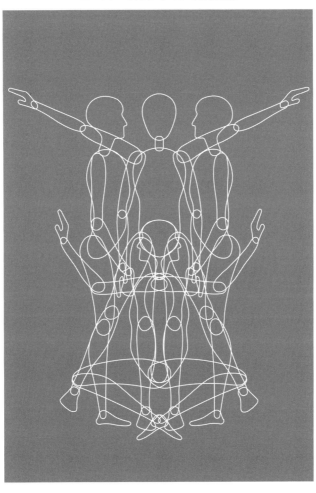

はじめに

　既に様々な分野に浸透している、ユニバーサルデザインという言葉さえまだ浸透していなかった1999年、西原主計先生はユニバーサルデザイン研究会を立ち上げられ、多岐の分野で活躍される諸氏との共同執筆によって「ユニバーサルデザイン」(2001年)を発行されました。その後「新ユニバーサルデザイン」(2005年)、そして「人間工学とユニバーサルデザイン」(2008年)が発行されて来たなか、神奈川工科大学名誉教授となられた西原先生から、改訂のまとめ役ご下命を受けたことを重く受け止め、小職がユニバーサルデザイン研究会幹事代行として、できる限り新しい視点を入れながらも、これまでの執筆諸氏に加えて小職の呼びかけにご快諾、ご協力頂いた方々と、いずれも各分野ベテラン諸氏のお力添えによってまとめさせて頂いた「人間工学とユニバーサルデザイン新潮流」(2013年)から3年の歳月が流れました。

　わが国ではまだ、ユニバーサルデザインを採り入れた環境や製品が少なかった時代から、街づくりや住宅設備、家電製品、情報機器、自動車、家庭用品など、多くの分野でユニバーサルデザインを取り入れることが当然となった今、大学教育でも工学系やデザイン系を中心に、カリキュラムにユニバーサルデザインを含むところも多くなり、また小中学校でも、授業にも取り入れているところも少なくありません。

　国際的にも日本が提案国、議長となり進めた 'ISO/IEC GUIDE 71' の制定とその後の改訂、人間中心設計のガイドラインである 'ISO 13407' の制定や、新たなISO策定活動が推進されているほか、中国、韓国、台湾などアジア諸国でも活発な動きがみられます。

　障がい者や高齢者への配慮という切り口から始まり、その対象を拡大して来たユニバーサルデザインのコンセプトは、いまやお客さまへのおもてなしの心遣いにつなげよう、とするまでになって来た感もあります。

　今回の改定にあたりましては、人間中心、人間工学に基づく設計技術に視点

をあて、IoT時代にもできるだけ陳腐化しない内容を心がけた前書を踏襲しつつも、国際的な環境における変化を反映させ、さらにユニバーサルデザインのこれまでを理解する助けとなり、これからのユニバーサルデザイン取り組みを示唆する内容を加えています。

さまざまなガイドラインなどの整備は日進月歩、タイムリーでホットな情報を得る手段としては、もはや書物よりWebの方が優位です。むしろ製品を生み出すプロセスそのもの、気づきや思いといった設計者のマインドは、時代が移っても参考になることと思います。それを本書でお伝えできるように心がけたつもりです。

小職にとっては再び重責となった幹事代行でしたが、西原先生はじめの執筆者各位と日本工業出版株式会社の井口敏男副社長、知識光弘取締役の多大なご理解とご協力を賜り改定版の発行となりましたこと、嬉しく思い感謝申し上げます。

他人に対する思いやりの心をベースに、使いやすく喜ばれる社会や製品づくりを目指して、不具合や不便の改善に取り組み続けてくださる読者が増えてくださることを願ってやみません。

2016年11月
ユニバーサルデザイン研究会
（幹事代行　山下和幸）

執筆者の紹介(五十音順)

阿部浩之　内閣府認証特定非営利活動法人メディア・ユニバーサル・デザイン協会
　　　　　理事　　　　　　　　　　　　　　　　　　　　　　　　（第8章）

大瀧保明　神奈川工科大学　創造工学部　ロボット・メカトロニクス学科　准教授
　　　　　　　　　　　　　　　　　　　　　　　　　　　　　　　　（第3章）

小山　登　産業技術大学院大学　産業技術研究科　創造技術専攻　教授　（第6章）

醍醐利明　トッパン エディトリアル コミュニケーションズ㈱
　　　　　クリエイティブディレクター　　　　　　　　　　　　　　（第11章）

高橋義則　㈱ユニバーサルデザイン総合研究所　代表取締役　　　　　（第9章）

西原主計　神奈川工科大学　名誉教授　　　　　　　　　　　　　　　（第4章）

星川安之　(公財)共用品推進機構　専務理事　　　　　（第2章、第10章）

山下和幸　オフィスVSE 代表　元凸版印刷㈱　パッケージ事業本部
　　　　　　　　　　　　　　　　　　　　　　（第1章、第7章、第10章）

和田紀彦　㈱日立製作所　デザイン本部　企画室　主任デザイナ　　　（第5章）

　　　　　　　　　　　（執筆者の肩書きはご執筆当時のものとさせて頂きました。）

目　次

第1章 ユニバーサルデザインことはじめ
- 1.1 不満足や不快感 …………………………………………………………… 2
  - 1.1.1 押しても開かない扉 ………………………………………………… 3
  - 1.1.2 冷奴にウスターソース ……………………………………………… 3
  - 1.1.3 乗るべきバスがわからない ………………………………………… 4
  - 1.1.4 節電とは照明を消せば良いこと？ ………………………………… 5
  - 1.1.5 歯ブラシには歯磨き ………………………………………………… 5
  - 1.1.6 会議室の天井照明スイッチ ………………………………………… 6
  - 1.1.7 エレベーター目的階ボタン1　上は右？ ………………………… 6
  - 1.1.8 エレベーター目的階ボタン2　電車に乗りたいの！ …………… 8
  - 1.1.9 段差が判別しづらい階段 …………………………………………… 9
  - 1.1.10 公共のトイレなのに本来の目的を果たしていない …………… 9
- 1.2 エラーに寛容なデザインを ……………………………………………… 10

第2章　ユニバーサルデザイン概説
- 2.1 ユニバーサルデザインの背景 …………………………………………… 14
  - 2.1.1 国際的な価値観の転換 ……………………………………………… 14
  - 2.1.2 ユニバーサルデザイン思想の始まり ……………………………… 15
- 2.2 ユニバーサルデザイン …………………………………………………… 16
  - 2.2.1 ユニバーサルデザインとは ………………………………………… 16
  - 2.2.2 日本からの提案－共用品（KYOYO-HIN） ……………………… 16
  - 2.2.3 ISO、「アクセシブルデザイン」を提唱 …………………………… 18
- 2.3 ISO/IEC Guide 71 ………………………………………………………… 18
  - 2.3.1 ISO/IEC Guide 71における言葉の定義 …………………………… 18
  - 2.3.2 ISO/IEC政策宣言の採択（2000年） ……………………………… 19
  - 2.3.3 制定の経緯 …………………………………………………………… 21

2.3.4　JIS Z 8071制定 ………………………………………… 21
　2.4　発展 ………………………………………………………… 24
　　2.4.1　アクセシブルデザインのアドバイザリーグループの発足 …… 24
　　2.4.2　ワールド・スタンダーズ・デイ（World Standards Day）…… 25
　　2.4.3　TC 173にSC 7の発足 …………………………………… 25
　　2.4.4　ISO/IEC Guide 71の改訂 ……………………………… 26
　2.5　今後の検討課題 ……………………………………………… 28

第3章　利用者視点のアプローチ

　3.1　魅力ある「ものづくり」のために ……………………………… 30
　　3.1.1　身近な景色から …………………………………………… 30
　　3.1.2　作り手と買い手の視点 …………………………………… 32
　3.2　「使いやすさ」とは …………………………………………… 34
　　3.2.1　ユーザビリティ …………………………………………… 34
　　3.2.2　利用者と製品の隔たり－行為の7段階理論 ……………… 35
　　3.2.3　適合性 …………………………………………………… 36
　　3.2.4　二重接面理論 …………………………………………… 37
　　3.2.5　デザインによる導き ……………………………………… 38
　3.3　人間中心設計の考え方 ……………………………………… 40
　　3.3.1　設計者・製品・利用者－三つの概念モデル ……………… 40
　　3.3.2　利用者視点による製品設計 ……………………………… 40
　　3.3.3　開発プロセス－向上のサイクル ………………………… 40
　3.4　人間中心設計の手法 ………………………………………… 42
　　3.4.1　潜在的要求を探る ……………………………………… 42
　　3.4.2　デザインコンセプトの立案 ……………………………… 43
　　3.4.3　製品の要求仕様 ………………………………………… 44
　　3.4.4　デザイン要素の構造化 …………………………………… 45
　　3.4.5　ユーザビリティの評価手法 ……………………………… 45

3.5	人間工学によるアプローチ	45
3.5.1	人の特性を知る	46
3.5.2	身体寸法と空間設計	46
3.5.3	動作の特性と操作	48
3.5.4	人間工学的指標による評価	49
3.5.5	総合的な視点	50

第4章　人間工学の活用

4.1	使いやすさについて	54
4.2	使いやすさなどの評価方法	54
4.2.1	官能検査とは	54
4.2.2	官能検査の仕方	55
4.2.3	生理的な評価方法	56
4.3	ユーザビリティ	59
4.3.1	ユニバーサルデザインとユーザビリティ	59
4.3.2	ユーザビリティとは	60
4.3.3	使いやすさの向上	61
4.4	ユーザビリティの評価	63
4.4.1	ユーザビリティ評価法のあらまし	63
4.4.2	ユーザテストの人数	63
4.4.3	ユーザビリティはどう測定されるか	65
4.4.4	ユーザテスティング	66
4.5	操作性を向上する凸記号	67
4.5.1	凸点と凸バー	67
4.5.2	凸記号のモニター調査	68
4.5.3	調査結果	70
4.6	今後のものづくり	72
4.6.1	片手で可能か、アフォーダンスはあるか	72

第5章　公共機器から生活家電のユニバーサルデザイン
- 5.1　日立グループのユニバーサルデザインの基本姿勢と活動の柱 …… 76
- 5.2　基礎研究 ……………………………………………………………… 77
- 5.3　情報発信・啓発活動 ………………………………………………… 79
  - 5.3.1　人間中心設計データベース ………………………………… 79
  - 5.3.2　「日立のユニバーサルデザイン」ポータルサイト ………… 80
- 5.4　社会貢献活動 ………………………………………………………… 83
  - 5.4.1　小学校への出前授業「おもいやりをカタチにしよう！
          〜UD体感学習プロジェクト」 ……………………………… 83
  - 5.4.2　ろう社員による手話案内チームの活動 …………………… 84
- 5.5　製品化推進活動 ……………………………………………………… 85
  - 5.5.1　生活家電・デジタル家電のUDコンセプト ………………… 85
  - 5.5.2　Web・情報システムのUDコンセプト ……………………… 86
  - 5.5.3　公共機器・システムのUDコンセプト ……………………… 86

第6章　クルマのユニバーサルデザイン
- 6.1　クルマにおけるユニバーサルデザイン …………………………… 108
- 6.2　ドライバー特性から見たユニバーサルデザイン ………………… 108
  - 6.2.1　クルマにおける「見る」ということ ……………………… 108
  - 6.2.2　クルマにおける「聞く」ということ ……………………… 112
  - 6.2.3　クルマにおける「操作する（触る）」ということ ………… 115
  - 6.2.4　クルマにおける「快適さ（臭い）」ということ …………… 116
- 6.3　生活シーンからのユニバーサルデザイン ………………………… 120
  - 6.3.1　クルマのドアの乗降性 ……………………………………… 120
  - 6.3.2　クルマのドアの開閉 ………………………………………… 121
- 6.4　設計のためにインデックス ………………………………………… 122
  - 6.4.1　ユニバーサルデザインの設計を支える二つのインデックス … 122
  - 6.4.2　お客様のニーズにこたえる対話型開発のスパイラルアップ … 122

  6.5 今後への期待 ……………………………………………………… 124

第7章 生活用品のユニバーサルデザイン
  7.1 生活雑貨のユニバーサルデザイン ………………………………… 126
   7.1.1 食品用ラップフィルムとアルミホイル ……………………… 126
   7.1.2 調理器具 …………………………………………………… 127
   7.1.3 文房具 ……………………………………………………… 127
   7.1.4 食品 ………………………………………………………… 128
  7.2 パッケージのユニバーサルデザイン ……………………………… 131
   7.2.1 パッケージの機能 ………………………………………… 131
   7.2.2 日常における違和感 ……………………………………… 131
   7.2.3 パッケージの評価 ………………………………………… 132
   7.2.4 ユニバーサルデザインが考慮された事例 ………………… 134
   7.2.5 パッケージのアクセシブルデザイン
     （ISO、JISアクセシブルデザイン） ……………………… 145
   7.2.6 ISO/IEC Guide71（JIS Z 8071）
     「高齢者及び障害のある人々のニーズに対応した
     規格作成配慮指針」における配慮ポイント」 …………… 146
   7.2.7 JIS、ISOの活用 …………………………………………… 149

第8章 情報のユニバーサルデザイン
  8.1 ユニバーサルデザインフォント …………………………………… 156
   8.1.1 書体について ……………………………………………… 156
   8.1.2 ユニバーサルデザインフォント（UDフォント）の開発 … 157
   8.1.3 ユニバーサルデザインフォントの特徴 …………………… 159
   8.1.4 ユニバーサルデザインフォント採用事例と進化 ………… 162
  8.2 非文字情報（ピクトグラム） ……………………………………… 163
   8.2.1 言語に頼らない伝達 ……………………………………… 163

8.2.2　シンボルマーク ………………………………………… 163
　　8.2.3　コミュニケーションツール …………………………… 165
　　8.2.4　ピクトグラムの発展性 ………………………………… 170
　8.3　文書表現 ……………………………………………………… 172
　　8.3.1　レイアウトと組版 ……………………………………… 172
　　8.3.2　読みやすさの基本 ……………………………………… 173
　　8.3.3　文字サイズと書体の選定 ……………………………… 174
　　8.3.4　行長と行間 ……………………………………………… 176
　　8.3.5　読者の環境を考慮する ………………………………… 176
　8.4　ウエブアクセシビリティにおける文字組版の解説補助 … 176
　　8.4.1　行長について　条項のb）の解説 …………………… 178
　　8.4.2　行送りについて　条項のd）の解説 ………………… 180
　　8.4.3　条項のe）の解説 ……………………………………… 181
　　8.4.4　今後の動向 ……………………………………………… 184

第9章　第三者への安全配慮を施す設計～キッズデザインの事例

　9.1　直接のユーザーではない子どもへの配慮 ………………… 188
　9.2　子ども特有の行動特性、心理特性とデザイン …………… 189
　9.3　キッズデザインの推進 ……………………………………… 190
　9.4　過去の事故事例に学び、科学的にアプローチする ……… 193
　　9.4.1　蒸気レスで安全、おいしさ、収納性を満たす ……… 198
　　9.4.2　転倒時の湯漏れ防止を施した電気ケトル …………… 200
　　9.4.3　入浴時の悩みをゼロベースで解決 …………………… 201
　　9.4.4　家庭内事故の典型例～指はさみ防止ドア …………… 202
　　9.4.5　石灰の発熱によるやけどを技術で防止 ……………… 204
　　9.4.6　チャイルド・レジスタンス～子どもの製品操作事故の防止 … 205
　　9.4.7　母親の授乳と同じ姿勢でミルクを与える哺乳瓶 …… 206
　9.5　子ども視点であらゆるものづくりを再考せよ …………… 207

第10章　より快適な社会を目指して

- 10.1　ユニバーサルデザインの課題 …………………………………… 210
  - 10.1.1　シャンプー容器、側面のギザギザ ……………………… 210
  - 10.1.2　法整備の落とし穴 ………………………………………… 211
  - 10.1.3　ロンドン市の試み ………………………………………… 214
- 10.2　UDをどう作るか？ …………………………………………… 216
  - 10.2.1　ニーズ、シーズ …………………………………………… 216
- 10.3　今後の展開 ……………………………………………………… 219
  - 10.3.1　UDからアクセシブルデザインへ ……………………… 219
  - 10.3.2　「日本の文化を世界に」の時代 ………………………… 220
- 10.4　ザ・リッツ・カールトン・ホテルに学ぶこと ……………… 222
  - 10.4.1　ホスピタリティ産業 ……………………………………… 222
  - 10.4.2　ホスピタリティでデザイン ……………………………… 223

第11章　ユニバーサルデザイン温故知新〜30年の歴史から次世代に向けて

- 11.1　はじめに ………………………………………………………… 226
- 11.2　UDは一過性のブームだったのか …………………………… 227
  - 11.2.1　小学校でのユニバーサルデザイン教育の成果 ………… 227
  - 11.2.2　グッドデザインはインビジブルデザイン ……………… 228
  - 11.2.3　UDは終わらない〜更新され続けるニーズ …………… 229
- 11.3　UDの原点、メイスの視点でいまをみる …………………… 229
  - 11.3.1　いま再評価したい、メイスの3つの視点 ……………… 229
  - 11.3.2　「障害」の捉え方〜「みんなのいつか」 ……………… 230
  - 11.3.3　障害の社会的モデル〜「障害は外在している」 ……… 231
  - 11.3.4　「福祉観」の転換〜「お仕着せのお世話」ではなく … 232
  - 11.3.5　ソーシャル・インクルージョン ………………………… 232
  - 11.3.6　インクルーシブデザイン ………………………………… 233
  - 11.3.7　「市場性」の重視〜「マーケタブル」 ………………… 234

  11.3.8　ユニバーサルデザインとCSR ……………………………………234
  11.3.9　CSRからCSVへ …………………………………………………235
 11.4　戦略的ユニバーサルデザイン ……………………………………………236
  11.4.1　社会参加としての消費とCSV ……………………………………236
  11.4.2　CSRとCSVの関係でUDを考える ………………………………237
  11.4.3　リードユーザー法 …………………………………………………238
  11.4.4　リードユーザーとしてのシニア層 ………………………………238
  11.4.5　シニア層の多様性〜激動の時代にまたがる世代 ………………240
  11.4.6　シニアマインドの変化スピードに注意 …………………………240
 11.5　次世代ユニバーサルデザインのために …………………………………241
  11.5.1　「あたりまえ」という思考停止に陥らない〜不断の認識更新…241
  11.5.2　点字と手話だけでよいのか ………………………………………242
  11.5.3　テクノロジーへの期待と脆弱性への注意 ………………………243
  11.5.4　PDFは過渡的技術 …………………………………………………243
  11.5.5　開拓すべき領域、認知面への対応 ………………………………244
  11.5.6　見せる・伝えるユニバーサルデザインへ ………………………244

 UD関連年表 ……………………………………………………………………248

索　引 ………………………………………………………………………………258

コラム

コラムA ……………………………… 11		CIF ………………………………………… 129
コラムB ……………………………… 12		「よい・わるい」と「すき・きらい」は同義語？ …… 145
JISって強制法規なの？ ……………… 23		東京では左、大阪は右 ……………………… 152
しゃべるパソコンの元祖！？ ………… 52		転倒 ………………………………………… 155
ユニバーサルデザインは使い勝手がよいか …… 63		急須は左利きには万事休す ………………… 186
マァフィーの法則から ………………… 65		エスカレータになぜスタンドと歩行のサインがないのか … 186
片手礼賛 ……………………………… 66		よい道具とは ……………………………… 208
ちょっと考えてみよう ………………… 74		色覚異常、色弱 …………………………… 221
風呂敷はユニバーサルデザイン ……… 106		交通信号の青・黄・赤は万国共通だけど …… 224
UDピープルには笑顔が似合う！ ……… 106		上下作用式の水洗金具のレバー、止水時は上げる？下げる？ … 231
ユニバーサルデザインと特許 ………… 118		色の恒常性 ………………………………… 233
数字の配列は上からか？下からか？ …… 121		ユニバーサルデザインとアクセシブルデザイン …… 246
押してもだめなら引いてみな！ ……… 124		駅名票 ……………………………………… 246

xii

第1章

ユニバーサルデザイン
ことはじめ

　不満足とまでは言えないものの、日常生活で少なくないちょっとした不快に感じる出来事。その場を通り過ぎれば忘れてしまいがちな小さなことを、小さなこととしてではなく大きな課題と考えられる視点が、ユニバーサルデザインへの第一歩だ。

1.1 不満足や不快感

　本書の最初に、「満足」について考えてみたい。英語ではSatisfaction。Customer satisfaction（顧客満足）という言葉を耳にする機会があることと思う。マーケティング活動において、顧客が通貨を払って購入したモノやサービスに対して、どのくらい満足をしてくださるか。満足度合いが高い程、顧客はそのモノやサービスをリピート、再び利用してくれることとなる。顧客の支持を得ることができたモノやサービスを提供することができた企業は、永続的に事業活動ができることとなる。そのため企業は、顧客満足を獲得できるような施策に取り組もうとする。

　さてここで、読者は「満足」をどのような状態のことと思っているだろう。人びとの趣味や嗜好が多様化した今日では、ひとり一人の満足を得るためのモノやサービスを量産することは容易なことではない。例をあげて考えてみよう。

　登山などで道に迷い、持っていた食糧を食べつくし、お腹を空かしている遭難者に、手持ちの"あんぱん"を提供すればかなり感謝されることと思う。

　ところが、同じ品質の"あんぱん"を、前述の遭難者が、通常の生活をされている平常時に差し上げたら如何であろうか？
- 今はお腹が空いていないので後で頂く
- 私はもう少し甘みを抑えた味覚が好き
- サイズが大きすぎて…小ぶりのものが良かった
- こしあんよりつぶしあんの方が好みだった

などなど、さまざまな意見や感想が寄せられる結果となる。つまり人の満足とは多様で、時と場合で違うこともあり、個人差も大きいものだ。

　さて、ユニバーサルデザインで解決すべきは、はたして満足を提供することだろうか。結論を先に言うならば、「満足を与えるのではなく、不満足の解消」または「不快感の解消」ではないだろうか。日常的な行動の中で、自分の思いが支障なく滑らかに進まないことは少なくない。その瞬間には一瞬の戸惑いや

ストレスを感じながらも、大して不満を抱かずに済ませてしまう。そんな場面を思い出してみれば、そこはユニバーサルデザインの課題の宝庫かも知れない。いくつかの事例で考えてみたい。

1.1.1　押しても開かない扉

　ドアハンドルを押して、あれっ？開かない。即座に今度は引いてみたら…何ということなく開けられたではないか。日常良く出くわすことであり、ほとんどの人は大して気にも留めないだろう。しかしこれが、火災や地震でいち早く脱出する必要があるときなら事情は違う。この一瞬の戸惑いが、下手をすれば命取りとなるからである。

　扉をあけるために押すのか、それとも引くのか？　最初から理解していれば一瞬の戸惑いは起こらなかったはずだ。それが理解できない扉やハンドル等の設計に、再考の余地があることは明らかである。

1.1.2　冷奴にウスターソース

　とある大学の学生食堂でのひとコマ。醤油だと確信していたのに、冷奴を口に入れた途端に大ショック！実に妙な味。冷奴と納豆は、ソースをかけてしま

写真1.1　注意して見れば醤油用（左）の方は細い口だが…

ったら口にできたものではない。刺身、漬物も同様。

　良く見なかった、良く調べなかった私が悪いの？　いや、それなりに注意してみたのに、醤油もソースも、容器は同じカタチだし、表示もなかったし。これこそ、さまざまな人が利用する食堂なのに、識別困難な容器に入れて提供しているカタチを再考する必要があるのではないか。

　余談だが、間違って使ってもなんとかなるのは醤油の方だ。とんかつ、あじフライ、焼きそば、みんなそれなりに食べられることに気がついた。ということは、醤油はユニバーサルデザイン調味料なのか？

1.1.3　乗るべきバスがわからない

　首都圏を中心に行動することが多い筆者は、鉄道や地下鉄には明るい方だが、郊外の駅を出た途端に困ることがある。駅から目的地までバスを使わざるを得ないときに、乗るべきバスと、その乗り場を探すのに苦労する。

　一般に、駅施設は鉄道事業者が設置する。駅前広場は、多くの場合地方自治体が整備する。そこに乗り入れるバスは、バス事業者（鉄道事業者の場合もあるが）によって運行されている。利用者は駅を降りたら、自分が目的地に行くことができるバスを選択し、その乗り場に行ってバスを待つか、停車しているバスに乗る。簡単なようだがこれが実に難儀であることが少なくない。

　例えば、①番のりば：○×行き（△○経由、×△経由）、②番のりば：〜〜行き、③番のりば：○〜行き…と読めるものの、そもそも筆者が行きたい「万人設計センター」なる停留所は、①、②、③どの乗り場から発車するバスが通るのかわからない。「万人設計センター行き」があれば別だが。

　要するに利用者の行動プロセスに沿った、適切な情報提供がなされていないことが原因。電車を降りてから適切なバスに乗るまでのプロセスを反映した、情報提供のあり方を再考すべきである。鉄道事業者、地方自治体、バス事業者などが連携した改善が望まれる。

1.1.4　節電とは照明を消せば良いこと？

　3.11東日本大震災による原発事故を受け、私たちはエネルギーの使い方に関して従来にも増して考えるようになった。節電への取り組みもそうである。鉄道事業者も、「安全の確保に支障の無い範囲で、駅コンコースやプラットホームの照明を一部消灯しています。」などとしている。

　筆者はこうした取り組みに対して、基本的に異を唱えるものではないが、実際の節電の仕方に再考余地があると指摘したい。それは、照明とは何かという基本である。照明とは「各種光源を利用して、何らかの目的をもって特定の場所を明るくする行為や機能」とされているが、「何らかの目的」の優先順位を再考すべきと思うことがよくある。具体的には電照式サインが見えなくなり、必要な情報が伝達できていない。駅名表示、出口・乗換案内などが探しづらく読みづらいのは、白内障疾患の高齢者や弱視者には極めて不親切。その横で、電照式広告の照明は終電まで点灯したままというのは解せない。

1.1.5　歯ブラシには歯磨き

　激務続きで寝不足続きの朝にも関わらず、早く出かけなければいけない。目覚ましのコールに目蓋を擦りながら起き上ったけれど、眠い。歯ブラシを取り、チューブを掴んだら歯磨きではなく洗顔フォームのチューブだった。

　寝ぼけているのが悪い！と言ってしまってはそれまでだが、こっそり聞いたところでは、斯様な経験を持つ人は意外に多いらしい。まあ歯磨き以外を口にしたところで、生命に危険が及ぶようなことは無いものだが、不快であることは間違いない。いくらこのミスで目覚めたと言っても避けたいことであろう。

　家庭の洗面所に並ぶ、似たような形状でありながら、中身が異なるもの。歯磨き、洗顔フォーム、ヘアムースなど、家族各人が専用の製品を使っている場合もあるため、家庭の洗面所には多くのチューブ製品が並ぶことになる。良く見て識別、選択すべきと言えども、使用者視点で考えるなら、まだ覚醒しきれていない立場、多忙な朝の短時間で、使いたいものを適切に選択させるための方法検討が必要だ。「寝ぼけていないでしっかりしろ！」ではユニバーサルデ

ザインは始まらないのではないだろうか。

1.1.6 会議室の天井照明スイッチ

前方スクリーンにPowerPointでプレゼンテーション画像投影。そこで、スクリーンを見やすくするために前方天井照明を消灯しようとしたところが、消えたのは後方天井照明。間違いに気づき別のスイッチを操作したらスポットライトが点灯。慌てふためいてなかなか目的箇所が消灯できない。こんな経験も少なくないのではないか。

天井の照明器具レイアウトと、スイッチのレイアウトが関連付けられていないことが主たる原因と思われるが、大規模な制御卓を備えたホールは別として、会社や学校などの会議室、教室などでは、残念ながら未だそうした配慮が成されたスイッチを見たことが無い。事前に試して学習しておくしかないのが現状だが、はたしてこれで良いのだろうか。

1.1.7 エレベーター目的階ボタン1　上は右？

とある海外のホテルでの出来事。そもそも日本のビルと違って、「1階」

写真1.2　階数字が横配列のエレベーター（中国）

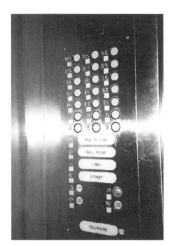

写真1.3 「STREET」「LOBBY」…数字は「4」以上が横配列（米国）

写真1.4 45階建てビルでも縦配列のエレベーターもある（日本）

の表示は無く「STREET」。エレベーターは上下方向に移動するものなので、「STREET」フロアから乗って目的階のボタンを探してみるけれど、瞬時に探せない。目に入った数字より目的階は上だったので、上方に目をやれば行き過ぎ。あらためて注意深く周囲を探すと、上は右方に並んでいるではないか。このエ

レベーターでは、横方向に数字が増える配列だったのだ。

　上下方向への移動を助けるエレベーター、10階程度の建物ならボタンは上下方向に1列配置ができるだろうが、高層ビルではとても上下一列には配置できない。やむを得ず何列、何行かの折り返し配置とするのだが、扉が閉まって動き出してしまったエレベーター内で、迷わずに素早く目的階ボタンを押せる工夫はないものだろうか。

1.1.8　エレベーター目的階ボタン2　電車に乗りたいの！

　前述の例は、そもそも自分がどこのフロアに居て、これから何階に行こうとしているのかが明確な事例。ところがこの前提が説明できない場合があるのだ。

　都会のある駅で、電車を降りた場合を考えてみたい。この場合の目的地は「階数」ではなく「改札口」や「乗り換え通路」のはずだ。なのに「B3」とか「2」とかの表示ではさっぱりわからない。駅によっては「改札階」「プラットホーム」といった表示ボタンを設けたエレベーターもあるようだが、どんな表示が乗客にとって親切なのだろうか。

写真1.5（左）「B3」はプラットホームを示しているが改札口は？
　　　　（右）階層ではなく目的地が明確に表示されている

1.1.9　段差が判別しづらい階段

　階段は上る時より下りる時の方が怖い。特に踏み面全てがタイル貼りの階段では危険を感じてしまう。タイルの目地と段差が妙に調和（？）して見づらくなり危険を感じる。段差があることを明確に示す方が安全ではないだろうか。

　市中で注して探してみれば、段差の判別に比較的容易なデザインの階段もあるではないか。**写真1.7**の階段は、踏み面の色より濃い色のノンスリップとすることで、段差があることが判りやすくなっている。

写真 1.6　踏み面のタイル目地で段差が判別しづらい階段

写真 1.7　踏み面とノンスリップの明度差をつけることで段差が判別しやすい

1.1.10　公共トイレなのに本来の目的を果たしていない

　「高齢者、障害者等の移動等の円滑化の促進に関する法律」や関連する政令等によって、公共トイレの整備が加速している。

写真1.8 手すり付きが最も遠いところに設置されたトイレ

 ところが、である。法律は守ることが義務付けられるが、法律の目的やコンセプトまで浸透させることは難しいことなのだと気づかされたことがある。男子トイレに設置された床置式小便器でのこと。複数設置されている床置式小便器の1台には小便器用手すりを取り付けることになっており、また実際に取り付けられているのだが、その場所が問題なトイレがある。
 なぜ、手すりが必要なのか、どんな人に必要なのかを考えてみれば、円滑な移動が困難な人であることに気づく筈。円滑な移動が困難な人だからこそ、トイレの入口に最も近い場所に手すりを設けることが必要であるのに、なんと一番遠くに設置された小便器が手すり付きという悲しい例に出会う。

1.2　エラーに寛容なデザインを

 これまで紹介してきた事例は、少なからず読者諸氏も体験していることなのではないだろうか。過ぎ去ってみれば記憶に残る「不満足」には至らず、そのときに「不快」と感じたまでのことかも知れない。不快に思った戸惑いや失敗は、その当事者側に責任があるのではなく、戸惑いや失敗に至らせた環境や設

備、道具など対象物の側に、何らかの問題があるのではないかと言うことである。

　従って大切なのは、自らが感じた違和感をしっかり記憶にとどめることが最初の一歩だ。そして、違和感を抱いた原因を考えてみること。ちょっとした違和感やエラーは、決して自分のせいにせず、その対象物についての問題点を考えてみること。これがユニバーサルデザイン取り組みの第一歩である。

　ひとは誰も、完璧な状態であることは稀と考えれば、経験が不足している、注意力が不足している場面などは日常的に多々あることである。それでも期待を裏切らないようにする知恵を出してもらいたい。

コラムＡ

　今まで、「共用品」の対象商品とは考えにくいゲームソフト、アミューズメントマシンの領域でも、共用品化の動きが出てきている。

　ゲームソフトでは、たとえば、字幕付きのゲームでは耳の不自由な人でも楽しんでいるケースが多い。これらは、英語の会話で日本語字幕といったように洋画効果をねらったものもあり、「共用品化」を意識したかどうかは別。画面が真っ黒か、もしくは内容と無関係な写真を画面として音だけで遊ぶものも出てきており、目の不自由な人でも遊べるが、逆に耳の不自由な人はまったく遊べないといったものもある。

　アミューズメントマシンでは、高齢者や障害者に配慮したアミューズメントゾーンを展開し、そこには握力が弱くても遊べたり、反応速度を遅くしたりといった共用品に改造したゲームマシンが置かれている。こうしたゲームマシンの設置ゾーンでは、施設全体のバリアフリー化も実現している。

　また、ボウリングマシンでは、横の溝のガーターをなくし、だれもが楽しめるようにも設定できるものが用意されるなど、共用品といえるものがでてきている。

出典：共用品の市場規模推計調査報告書、共用品推進機構、2000年3月

コラム B

　先日、友人がおみやげに赤豆餡と味噌と2種類の柏餅をもってきてくれた。さっそく友人も交えその柏餅をいただくことにした。ところで、赤豆餡と味噌の2種類は、同じ形状、どのように見分けるのか？の疑問がわいた。柏餅に包まれた餅は、両方とも白で見分けが付かない。シャンプー容器のように側面にギザギザが、餅についている様子はない。

　そんな疑問に対して柏餅を持ってきてくれた友人が、「包む柏の葉が裏か表の違いで識別できる」と教えてくれた。

　後日、ホームページ＊で確認したところ、柏餅の作り方として友人が教えてくれたそれが書かれてあった。

　「米の粉をねりて、円形扁平となし、二つ折りとなし、間に砂糖入り赤豆餡（あずきあん）を挟み、柏葉、大なるは一枚を二つ折りにしてこれを包み、小なるは二枚をもって包み蒸す。江戸にては、砂糖入り味噌をも餡にかへ交るなり。赤豆餡には柏葉表を出し、味噌には裡（うら）を出して標（しるし）とす。」

　確かに、柏餅の葉の裏表は、見た目の色及び肌触りが弱冠ではあるが異なる。江戸時代、既に日本には共用品があったとは、改めて先輩達の知恵に脱帽したのである。

　で、実際街で売られている柏餅が江戸時代の工夫を継承されているかと、何件かの和菓子屋さんをめぐり、またホームページで検索を試みた。江戸時代の知恵を、継承しているお菓子屋さんがあり、嬉しくなり電話で確認すると、確かに赤豆餡と味噌は、包むとき柏葉の表・裏かで違えているが、どちらを表にするかは、職人さんが毎年決めており、ちなみに今年は「赤豆餡には裡（うら）、味噌には表でした」との答えが返ってきた。また、他のお菓子屋さんは、「昔はやっていたようですが、今ではそのような識別はしていませんね…」との答えが返ってきた。

　ルールは、いくつかの条件によってはじめてなりたつ。
- 新しくルールを作る際は、「作る側」、「使う側」両者がそのルールを必要と感じること。
- ルールは、作る側の創意工夫をさまたげるものではないこと。
- 「作る側」、「使う側」両者がそのルールを知っていること。
- 「作る側」は、そのルールを継続すること。
- 「ルール」が時代に即さなくなった場合には、直ちに「作る側」、「使う側」両者でルールの改定・廃棄を検討すること。

　こう書いてみると、共用品推進機構が作っているアクセシブルデザイン（共用品）のJIS規格（日本工業規格）にも、上記の条件はあてはまる。

　ところで、江戸時代に作られた柏餅のルール、どこでどうなってしまったのだろうか？

　　　＊江戸食文化紀行－江戸の美味探訪 NO35 柏餅　監修・著　松下幸子　千葉大学名誉教授

第2章
ユニバーサルデザイン概説

　既にあたりまえになった感もあるユニバーサルデザインだが、基本を理解すれば崇高なコンセプトであることに気づくはず。ユニバーサルデザインが生まれた経緯と発展、今後の課題について紹介する。

2.1 ユニバーサルデザインの背景

2.1.1 国際的な価値観の転換

1981年の国際障害者年では「完全参加と平等」のテーマが掲げられ、それまでの障害に関する考え方が国際的に大きく転換するきっかけとなった。それ以前は、「障害」に関しては、「一般」とは「異なる対応及び応対」をすることが主であった。しかし、この「完全参加と平等」というテーマにより、「異なる対応及び応対」が、最良の答えでないことに気づかされる転機となった。

さらに、2006年12月には、国連で「障害者権利条約」が採択された。この50条からなる条約の中には、1981年の国際障害者年のテーマ「完全参加と平等」を実現させるべく障害のある人たちが、平等に生活するための事項が記載されている。すでに署名し批准した国と地域は150を超え、日本も2007年9月に署名し、2014年1月に批准を行った。

50条からなるこの条約の「第1条・目的」には、「すべての障害者によるあらゆる人権及び基本的自由の完全かつ平等な享有を促進し、保護し、及び確保すること並びに障害者の固有の尊厳の尊重を促進することを目的とする」とある。「第2条・定義」には、「意思疎通」があり、そこには「言語、文字表記、点字、触覚を使った意思疎通、拡大文字、利用可能なマルチメディア並びに筆記、聴覚、平易な言葉及び朗読者による意思疎通の形態」等とあり、コミュニケーションが条約実践の重要なポイントであることが分かる。

条約の中で「ユニバーサルデザイン」とは、「調整又は特別な設計を必要とすることなく、最大限可能な範囲ですべての人が使用することのできる製品、環境、計画及びサービスの設計をいう。」と定義されている。さらに、「特定の障害者の集団のための支援装置が必要な場合には、これを排除するものではない」とある。

一方、先進諸国は高齢化という共通の課題を抱えており、1999年には国連提唱の国際高齢者年を迎えた。そこでは「すべての世代のための社会をめざし

て」というスローガンが掲げられ、高齢者が共に暮らしやすい社会を実現していくことが重要であるとうたわれた。

　高齢者の多くは、加齢にともなって視力、聴力、筋力などの身体的機能が低下するが、高齢者個人への尊厳と自己実現の環境を整備しつつ、活力に満ちた高齢化社会を実現していくことが望まれている。

2.1.2　ユニバーサルデザイン思想の始まり
(1)　ADA法

　アメリカでは、戦争などにより障害のある人たちが激増したことを背景に、多くの障害のある人が物理的・精神的バリアの除去を求め、1961年に米国基準協会（ANSI、American National Standard Institute）が全米初のアクセス権保護の基準を発表した。

　その後、「建築バリアフリー法（1968年）」「リハビリテーション法（1973年）」「障害児のための教育法（1975年）」「適正住宅供給法（1988年）」などが順次法整備されてきたが、1990年に、広範囲にわたる障害者の権利保護に関する法律としてADA法（Americans with Disability Act）が成立した。ADA法は、障害のある人が利用しにくい施設を「差別的」と位置づけ、雇用の機会均等と、環境、製品、サービスへの利用権を義務づけている。

　ADA法は、「公共のものに関しては、障害のある人でもすべて使えるようなものでないといけない」といった主旨で、「建物であれば、必ずどこかに車いす使用者が中に入れるようなスロープを作らなければならない」ということや、「政府は乗り物などで障害のある人に使えないものは購入しない」ということも規定している。

　しかし、この法律には一つ落とし穴があった。それは、先ほどの建物の入口スロープを例にとると、法律では、表側の入口にスロープをつけることとは書いていない。それで、建物の設計者や施主によってスロープが建物の裏手に設置され、車いす使用者にはとても行きづらいところにその入口があるけれど、法律にはかなっているといった事態が起こってしまった。

(2) 新しい概念

せっかく作られた法律も、障害のある人たちにとっては理想との乖離があるといった背景から、アメリカでは法律による縛りだけではなく、だれもが使いやすいモノを追求するための「概念作り」が始まった。その運動の中心人物であったノースカロライナ州立大学ユニバーサルデザインセンターの故ロナルド・メイス（Ronald L. Mace）氏によって、「あらゆる体格、年齢、障害の有無にかかわらず、だれもが利用できる製品・環境を創造する」という「ユニバーサルデザイン」が提唱された。

2.2　ユニバーサルデザイン

2.2.1　ユニバーサルデザインとは

メイス氏はユニバーサルデザインを、「年齢や能力にかかわりなく、すべての生活者に対して適合するデザイン（原文：the design of products and environments to be usable by all people, to the greatest extent possible, without the need for adaptation or specialized design）」と定義し、表2.1の7つの原則を提示した。

2.2.2　日本からの提案－共用品（KYOYO-HIN）

日本ではアメリカのユニバーサルデザインの考え方が生まれる前に、バリアフリー社会の構築をめざして、共用品・共用サービスという考え方が提唱され、その考えをもとにデザインされた製品やサービスが提供されはじめた。そして1991年に、障害のあるなし・年齢の高低にかかわらず、ともに暮らしやすい社会の実現をめざして、だれもが使いやすいモノ、施設、サービスを「共用品・共用サービス」と名づけ、その普及を目的とした市民団体が発足した。

共用品とは、「身体的な障害・機能低下のある人も、ない人も、共に使いやすくなっている製品とサービス」であり、図2.1のように位置づけている。障害のある人・高齢者専用の福祉機器とともに、バリアフリー社会を構成する主

要なものである。表2.2に共用品・共用サービスの条件をあげた。

表 2.1　UD の 7 原則

原則	項　目	内　容
原則 1	公平な利用	・どのようなグループに属する利用者にとっても有益であり、購入可能であるようにデザインする
原則 2	利用における柔軟性	・幅広い人たちの好みや能力に有効であるようにデザインする
原則 3	単純で直感的な利用法	・理解が容易であり、利用者の経験や知識、言語力、集中の程度などに依存しないようにデザインする
原則 4	わかりやすい情報	・周囲の状況あるいは利用者の感覚能力に関係なく、利用者に必要な情報が効果的に伝わるようにデザインする
原則 5	間違いに対する寛大さ	・危険な状態や予期あるいは意図しない操作による不都合な結果は、最小限におさえるようにデザインする
原則 6	身体的負担を少なく	・能率的で快適であり、そして疲れないようにデザインする
原則 7	接近や利用のための大きさと広さ	・利用者の身体の大きさや、姿勢、移動能力にかかわらず、近寄ったり、手が届いたり、手作業したりすることができる適切な大きさと広さを提供する

（出典：機械産業における共用品コンセプトの国際動向調査、E&C プロジェクト、1999 年 3 月）

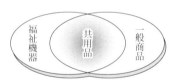

出典：（公財）共用品推進機構資料
図 2.1　共用品

表 2.2　共用品の説明図

条件	条件の内容
1	身体的な障害・機能低下のある人も、ない人も、共に使いやすくなっている製品とサービス
2	特定の障害・機能低下の人向けの専用品ではないもの
3	一般的に入手や利用の可能なもの
4	一般的な製品と比較して、大幅に高価でないもの
5	継続的に製造、販売、利用されるもの

出典：（公財）共用品推進機構資料

2.2.3　ISO、「アクセシブルデザイン」を提唱

　日本においては、多くの産業界の努力により、高齢者及び障害のある人へ考慮された製品（共用品）が増えていった。そのような中で、1998年日本は、国際標準化機構（ISO）に対して、「規格作成者のための高齢者及び障害のある人たちへの配慮設計指針」の作成を提案した。提案先は、ISOの中で消費者のニーズを規格に反映させることを検討する消費者政策委員会（COPOLCO）であった。指針とは、個別の規格ではなく、個別の規格を作成または、既存の規格を見直す時に使用するガイド、いわば参考書のようなものである。日本の提案は、満場一致で承認され、その後3年間、日本が議長国となり2001年11月にISOより発行するにいたった。

　8回の委員会の中で、このガイドが目指すものは、何かという議論になった。各委員からは、「デザインフォーオール」、「ユニバーサルデザイン」などの言葉が推薦された。しかし、アメリカ及びイギリスの委員からは、「オール＝全て」、「ユニバーサル＝みんな」という言葉にすると、規格を作成する人、並びに製品などをデザイン・設計する人達から、「全ての人に適応するデザインは不可能である！」という意見が出たとの報告があった。使われないガイドを作っても意味がないとの判断から、多くの議論の末「アクセシブルデザイン」という言葉が、採用された。

　このガイドは、ISOで71番目に発行されたことから、「ISO/ IEC Guide 71」と呼ばれ、世界各国で国家規格（およびガイド）として採用されている。日本では、2003年6月に、JIS Z 8071（高齢者及び障害のある人々のニーズに対応した規格作成配慮指針）として、日本工業規格（JIS）として制定された。

2.3　ISO/IEC Guide 71

2.3.1　ISO/IEC Guide 71 における言葉の定義

　ISO/IEC Guide 71では、いろいろな用語の定義が掲載されているが、特に注目すべきは、次のものであろう。

(1) アクセシブルデザイン

何らかの機能に制限を持つ人々に焦点を合わせ、これまでの設計をそのような人々のニーズに合わせて拡張することによって、製品、建物及びサービスをそのまま利用できる潜在顧客数を最大限まで増やそうとする設計。その実現の方法として、

1) 修正・改造することなくほとんどの人が利用できるように、製品、サービス及び環境を設計する。
2) 製品又はサービスをユーザに合わせて改造できるように設計する（操作部の改造等）。
3) 規格の採用により、障害のある人々向けの特殊製品との互換性をもたせ、相互接続を可能にする、などが挙げられる。

参考
(2) デザインフォーオール、バリアフリーデザイン、インクルーシブデザイン、トランスジェネレーショナルデザイン

類似しているが、それぞれ異なった意味合いで使われる。

(3) ユニバーサルデザイン

アクセシブルデザインを包含する概念で、すべての人が、可能な限り最大限まで、特別な改造や特殊な設計をせずに利用できるように配慮された製品や環境の設計を指す。

2.3.2 ISO/IEC政策宣言の採択（2000年）

ISOは、高齢者・障害者配慮への標準化の重要性とその方向に関して、2001年1月、ISO理事会で高齢者・障害者のニーズに配慮した標準化に関する「ISO/IEC政策宣言」を採択した。

その内容は、「高度な技術及び製品の普及等により、高齢者・障害のある人を含めたより多くの人々が使いやすい製品、サービス、生活環境が必要になってきていること」、「高齢者・障害のある人々に使いやすく考えられた製品、サ

ービス、生活環境は結果的に障害のない人々にも使いやすくなる場合があり、新たな経済利益にもつながること」等が記されている。また、それらを達成するには、アクセシブルデザインの手法を用い、高齢者、障害者の参加を促し、適切な情報交換を行いながら、高齢者・障害者配慮に関する規格を作ることができるように規格作成者のための配慮指針の必要性が述べられている。

ISO/IEC Guide 71の原案作成は、COPOLCOで検討が開始され、その後ISO/TMB ad hoc TAGに舞台を移し、原案作成が行われた。2000年8月の投票で賛成が得られ、2001年11月ISO/IEC Guide 71（高齢者及び障害のある人々のニーズに対応した規格作成配慮指針）が発行された。日本からの提案も約4分の3が採用され、また、議論の過程では日本で進んでいる高齢者・障害者配慮の事例も数多く紹介しガイド作成に貢献した。

本規格は、一つ一つの細かな製品に関する規定はしていない。消費者に提供する製品、サービス及び生活環境に関するあらゆる規格を作成・改正するときに、高齢者・障害者に配慮すべき事項を明確化した規格である（図2.2参照）。

適用範囲については、まずは実現可能な範囲からという意図で、「非常に重度で複雑な障害のある人々のニーズは、この指針で示された範囲を超えるものである」と記されている。また、ねらいとして、「アクセシブルデザインの採用に伴う市場拡大の利得について注意を促すことである」と明記されている。

同時に、本規格では、そこで使用される人間工学、アクセシブルデザイン、支援技術、福祉機器、機能障害、ユーザビリティ、代替様式等の用語を定義している。

本来、製品、サービス及び生活環境はすべての人に使用できることが望ましいが、現実的にはコスト、時間、手間、技術進歩等を無視することはできず、現状はこれらが十分に達成されているとはいえない。しかし、「障害者権利条約」の採択に伴い、今後はますます人権保護の観点から高齢者・障害者配慮に関する標準化は非常に重要となり、本ガイドを積極的に活用することが望まれる。

なお欧州では、ISO/IECガイド71を2002年1月、CEN/CENELECガイド6（Guidelines for standards developers to address the needs of older persons

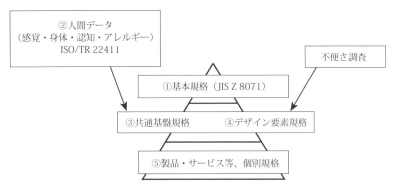

図 2.2　アクセシブルデザイン規格体系

and persons with disabilities）としてすでに導入している。また韓国では2002年12月、KS A ISO/IEC Guide 71として採用し、本ガイドはスペイン、イタリア、中国など、複数の国で採用されている。

2.3.3　制定の経緯

　日本工業標準調査会の消費者政策特別委員会が2001年8月に発表した"標準化における消費者政策の在り方に関する提言書"に基づき、ISO/IEC Guide 71をJIS化するにあたり、2002年6月、㈶日本規格協会の高齢者・障害者生活用品標準化調査委員会内に"Guide 71 JIS化ワーキンググループ委員会"及び作業グループとして"Guide 71 JIS化サブワーキンググループ委員会"を設置し、2003年2月までにJIS原案を作成した。その後、2003年3月19日に開催された日本工業標準調査会/標準部会消費生活技術専門委員会で審議を行い了承され、同年6月20日、JIS Z 8071として制定された。

2.3.4　JIS Z 8071 制定

　JIS Z 8071が制定された2003年6月、この分野に関して提言書「高齢者・障害者への配慮に係る標準化の進め方」が日本工業標準調査会の消費者政策特別委員会から出され、政策の方向性が示された。

提言書を作成するにあたり同委員会は、高齢者・障害者を含む消費者団体、及び幅広い工業会、研究機関等200機関に、高齢者・障害者配慮分野で標準化が必要な分野を調査し、その中から優先順位を付け40テーマを同提言書の中で示している。2009年には、「点字の表示原則及び点字表示方法―消費生活製品の操作部（T 0923）」が、2010年には、「アクセシブルミーティング（S 0042）」、「自動販売機の操作性（S 0041）」、「視標検出視野の加齢変化に関するデータ集（TR S 0004）」、「ロービジョンの基本色領域データ集（TR S 0005）」が、2011年には、「情報通信における機器、ソフトウェア及びサービス－第7部：アクセシビリティ設定（X 8341-7）」が新たにJIS及びTRとして制定され、アクセシブルデザイン関連のJISが35、TRが3で合計38種類となった。

　35種類のJIS及びTRは、**図2.2**で示すように、基本規格、共通基盤規格、デザイン要素規格、個別規格に大別できる。基本規格は前述のJIS Z 8071を示している。共通基盤規格とデザイン要素規格は、共に複数の個別規格に引用されることを目的としている。そのうち共通基盤規格では、高齢者及び障害のある人を含む多くの人々の感覚・身体・認知特性を重視した、人間工学的なアプローチを採用している。共通基盤規格では、それらの特性に基づき、製品・サービス・環境の種類を問わず、広く横断的に適用可能な基本的要求事項を規定する。

　一方、デザイン要素規格は、製品・サービス・環境のデザインの一部を構成する特定の要素について、共通に適用すべき基本的要求事項を規定した規格である。デザイン要素規格の規定により、高齢者及び障害のある人を含むより多くの人々にとって、それら製品等のアクセシビリティの向上が図られることになる。

　その中で、**図2.2**の③にあたる共通基盤規格は、現在8種類、④にあたるデザイン要素規格は5種類であるが、より多くの規格がアクセシブルデザインの要素を加味するためには、共通基盤規格及びデザイン要素規格がさらに充実することが必要である。

　また、提言書の中に書かれているアジア諸国との連携に関しては、中国、日

> **コラム　JIS って強制法規なの？**
>
> 　JIS は日本工業規格の略で、第 67 条に国及び地方公共団体には JIS の尊重を義務付けていますが、強制されたものではありません。まして、一般の人にとっては尊重の義務もありません。
> 　しかし、JIS に適合した JIS マーク表示をする企業にとっては、強制ではなくても、JIS を守る必要性が生じます。私たちは JIS のおかげで、どの会社の電球も、乾電池も器具にぴったりはめ込むことができるのです。自動車も建設用コンクリートも JIS で出来ています。

本、韓国で2002年から始まっている東アジア標準化協力セミナーにおいて、「中日韓アクセシブルデザイン委員会」が同セミナーの元に発足し、ISOへ共同でNWIPを提出すべく検討を重ねた。その結果、2007年1月から2月にかけ、3ヶ国共同での提案書を該当するTC/SCに提出するに至った。投票結果は、提出した5テーマすべてが承認され、それぞれ関連するワーキンググループのコンビナーを日本が、共同プロジェクトリーダーを日本、中国、韓国で引き受けて作業を進めてきた。その結果、TC 159（人間工学）で審議されたテーマは2010年度中に国際規格となった。また、TC 122（包装容器）でのテーマも2011年に国際規格化された。それぞれの規格番号とタイトルは下記の通りである。

① ISO 24503：2010　Guidelines for all people including elderly and people with disabilities - Tactile dots and bars on consumer products（JIS S 0011：2000　高齢者・障害者配慮設計指針―消費生活製品の凸記号表示）

② ISO 24500：2010　Ergonomics - Accessible design - auditory signals for consumer products（JIS S 0013：2002　高齢者・障害者配慮設計指針―消費生活製品の報知音）

③ ISO 24501：2010　Ergonomics - Accessible design - Sound pressure levels of auditory signals for consumer products（JIS S 0014：2003　高齢者・障害者配慮設計指針―消費生活製品の報知音―妨害音及び聴覚の加齢変化を考慮した音圧レベル）

④ ISO 11156：2011　Packaging - Accessible design - General

requirements（JIS S 0021：2000　高齢者・障害者配慮設計指針－包装・容器）

⑤　ISO 24502：2010　Ergonomics - Accessible design - Specification of age-related luminance contrast for coloured light（JIS S 0031：2004　高齢者・障害者配慮設計指針－視覚表示物－年代別相対輝度の求め方及び光の評価方法）

さらに、TC 159では、次の2つの規格案の審議が進められ制定されるに至った。

①　ISO/24504　Ergonomics - Accessible design - Sound pressure levels of spoken announcements for products and public address systems

②　ISO/24505　Ergonomics - Accessible design - Colour combination for younger and older people（JIS S 0033：2006　高齢者・障害者配慮設計指針－視覚表示物－年齢を考慮した基本色領域に基づく色の組合せ方法）

また、WG 2においては、日本が議長国となってGuide 71の技術ガイドづくりを行い、2007年にISO/TR 22411原案（図2.2②）が完成し、2008年に発行された。現在、同TRの第2版作成の審議が進められている。

2.4　発展

2.4.1　アクセシブルデザインのアドバイザリーグループの発足

2007年11月に開催された人間工学の技術委員会（以下ISO/TC 159）の総会において、日本から「アクセシブルデザイン・アドバイザリーグループ（Advisory Group for Accessible Design、以下AGAD）の設置を提案し、承認された。

同グループは、アクセシブルデザイン関連の国際規格作成を促進するために、ISO/TC 159内に設置された諮問グループで四つの作業を行うことになった。

1) 障害者及び高齢者団体との連携により、ユーザーニーズを規格に反映させるための仕組みづくりを行う。
2) 抽出されたアクセシブルデザインの共通基盤規格テーマのうち、人間工

学に関するテーマの確認。
3) 障害者及び高齢者団体のニーズを抽出し、個別規格作成を担当するTCに対する働きかけ。
4) アクセシブルデザイン規格をISO内に広く普及させるための戦略の作成。

2.4.2　ワールド・スタンダーズ・デイ（World Standards Day）

　毎年三つの国際標準機関（ISO、IEC、ITU）で実施しているWorld Standards Dayの2010年度のテーマがアクセシビリティ及びアクセシブルデザインに決まり、2010年11月、ジュネーブで開催された。三機関からの基調講演と共に国際障害者連盟（IDA）等の当事者団体からの参加があり、今後の方向性を議論する貴重な場となった。分科会は、生活製品、建築、情報の三グループに分かれ、それぞれ活発な議論が行われた。日本からは、政府の取り組み並びに産業界の取り組みを報告した。

2.4.3　TC 173にSC 7の発足

　日本ではJIS Z 8071の指針に基づいて36の「高齢者・障害者配慮設計指針JIS」が制定されている。そのうち、人間工学、包装容器、情報の各分野のJISは、国際規格化を目指してISOに提案し、現在審議が進められている。しかし、デザイン要素分野に関しては、ISOの中に検討できる委員会がなかったため、福祉用具を担当するTC 173にアクセシブルデザインに関する専門委員会を新設するよう提案を行った。

　この提案に対して、賛否は、25ヶ国のメンバー国のうち、12ヶ国が賛成、3ヶ国が反対、5ヶ国が棄権、5ヶ国が無投票、であった。また、イスラエル、中国、韓国、南アフリカ、イギリス、スウェーデン、デンマーク、イタリア、スペイン、そして日本、計10か国のPメンバー参加の申請があった。続いてISOのTMBの承認を経て、2010年3月5日、新SCの設立が承認された。第1回の同SCの総会が2010年11月に日本で行われ、SCのタイトル及び作業範囲などの議論が行われた。

この新しいSC「アクセシブルデザイン」では、「ISO/IEC Guide 71」に従って、日本で作られた下記のテーマを、2015年までに新規提案を行い6つのワーキンググループ（WG）が設置され、国際規格化にむけての作業が行われそれぞれ国際規格として制定された。

① 点字の表示原則及び点字表示方法（TC 173/SC 7/WG1）
② アクセシブルミーティング（TC 173/SC 7/WG2）
③ 公共空間（トイレにいける便房内の操作部）（TC 173/SC 7/WG3）
④ コミュニケーション支援用ボード（TC 173/SC 7/WG4）
⑤ 触知案内図（TC 173/SC 7/WG5）
⑥ 公共空間の音案内（TC 173/SC 7/WG6）

更に今後も製品等をアクセシブルにするために必要な新規テーマの提案を検討している。

2.4.4　ISO/IEC Guide71 の改訂

2014年12月1日、ISO（国際標準化機構）/IEC（国際電気標準会議）Guide 71（以下Guide 71）の改訂版が発行された。

Guide 71の制定から10年目にあたる2010年5月、ISOのCOPOLCO総会で、ISO/IEC Guide 71をGuide 6としてそのまま採用し使用している欧州の規格作成団体であるCEN（欧州標準化委員会）/CENELEC（欧州電気標準化委員会）より改訂の提案があった。

この提案を受け、2010年9月ISO/TMB（技術管理評議会）はGuide 71改訂のためのグループJTAG Joint Technical Advisory Group（合同専門諮問グループ）を設立すること、IECにその同意を求めることを決定した。IECはその後、2010年10月のIEC会議で改訂作業を行うことに同意した。

■改訂までの経緯

Guide 71の提案国であり、Guide 71を積極的に活用して高齢者・障害者配慮規格を国内で作成し、国際規格としても提案してきた日本は、JTAGに積極

的に参加することとし、その議長も日本が務めるべきとの見解から、Guide 71制定時に3年間国際幹事を務めた跡見学園女子大学教授の宮崎正浩氏を日本から推薦し、満場一致で承認されて改訂作業が始まった。

JTAGには、ISO/TMB（技術管理評議会）メンバー国の17か国、ISO専門委員会、及びITU（国際電気通信聯合）を初めとする外部関連団体等が参加し、2011年9月の第1回会議から2013年12月の第6回会議まで開催された。前回の時と異なるのは、6回の会議以外にもウェブによる会議も数多く行われ、活発な意見が交わされたことである。そして、3年半に渡る討議の結果、Guideの改訂が行われ、2014年12月1日に、発行の運びとなった。

■**主な変更点**

Guide 71の主な変更点は、以下のとおりである。

・タイトルが「高齢者及び障害のある人々のための」から「規格でアクセシビリティに対応する」となり、対象となる人が、高齢者及び障害のある人々だけではなく、日常生活に何らかの不便さを感じているより多くの人に広がった。
・配慮の項目の表は本ガイドから削除し、ISO/TR 22411（TRとは技術報告書であり、データ集）に移すことになった。
・新たに「アクセシビリティ目標」という理論的な章を設けた。
・人間の能力と特性を記述するのにICFコード（世界保健機関の国際生活機能分類）を使用することになった。
・多くの人の身体特性とニーズを合わせて考えながら規格を作成することの必要性を解説した章が加わった。

■**無料でダウンロード**

・改訂されたGuide 71（英語版）は、利用する当事者団体からの声もあり、ISOの判断により以下のアドレスから無料で入手することができる。
http://www.iso.org/guide71

■ **JIS の改正作業に関して**

変更された国際規格に合わせて国内規格のJIS Z 8071も改正する必要があり、そのための国内委員会が2015年2月から、（公財）共用品推進機構で開催され、2016年度中には、改訂版が発行される予定である。

2.5 今後の検討課題

高齢者、障害者配慮分野の標準化に関しては、超高齢社会を迎えている日本にとって、今後ますます重要な分野になってくる。今後の課題として、JIS Z 8071本来の目的である一般の規格の制定、改正において高齢者・障害者配慮を加え、その結果、製品、サービス、生活環境がより多くの人たちに使いやすいものになっていくことが必要である。そのためには、JIS Z 8071を補う形での共通基盤規格（**図2.2**③④）をISO/IEC Guide 71の改訂作業と並行して充実させ、アクセシブルデザインの要素を一般規格に反映させるシステムづくりが喫緊の課題である。

国内においては、アクセシブルデザイン推進協議会（ADC）が主催し、障害者団体のニーズを聞く機会、行政の政策を多くの業界で情報共有化する機会を設けているが、高齢者・障害者配慮設計指針の規格をより多くの機関で活用できるようなツールを作成していくことも課題としてあげられる。

更に規格を作成する際、高齢者、障害のある人たちの意見が反映され、適合した製品やサービスが的確に情報として伝わる仕組みが強く望まれる。

参考文献
1) JISハンドブック　2012　高齢者・障害者等　アクセシブルデザイン　日本規格協会
2) 共用品白書2003（ぎょうせい）　共用品推進機構編
3) JIS Z 8071　高齢者及び障害のある人々のニーズに対応した規格作成配慮指針
4) アクセシブルデザインの発想　岩波ブックレット　岩波書店（2015）
5) 共用品という思想　岩波書店（2011）

第3章
利用者視点のアプローチ

　より便利なもの、より高機能なものを目指して進める製品の設計・開発。一方で、実際にそれらを使う人の状況は理解しているのだろうか？使う人の立場に立った製品設計を目指して、人間中心設計の考え方、人間工学のアプローチを紹介する。

3.1　魅力ある「ものづくり」のために

3.1.1　身近な景色から
(1)　自動販売機
　自動販売機は誰もがより楽な姿勢で容易に操作ができるように改善が重ねられてきた。身体寸法や動作範囲への配慮があり、適切な操作を導く工夫のあるものは使いやすい。図3.1の自動販売機では、お金は入れられてもボタンに届かない。返金レバーに手が掛かるのはそのためか。身近な日用品や機器のなかには、健常な大人は何ら違和感がなくとも、子供や高齢者、障害者では使用が困難な場合がある。

図3.1　利用者を選ばない自動販売機

(2)　券売機
　日本で鉄道の切符を買う際には、券売機の頭上高く掲げられた運賃表で料金を確認し、お金を券売機に入れ、それから料金の書かれたボタンを押す。ドイツの鉄道の券売機では、目的の駅、該当の乗車券のボタンを押すと料金が表示され、お金を券売機に入れる。日本を訪れた外国人のなかには、乗車駅の券売

機では最も安い価格のボタンを押して切符を買い、到着駅ののりこし精算機で差額を払うという人がいる。製品のデザインには、社会の慣習や経緯を無視できないが、障壁は取り除かれるべきである。

図3.2　鉄道の券売機（左：日本　右：ドイツ）

(3) **USBメモリ**

USBのA型端子の端面形状は単に長方形となっており、メモリのどちらの面を上にして挿せばよいのかわからない（図3.3上）。ケースの意匠に工夫をこら

図3.3　USBメモリの挿しにくさの改善
（上：一般的なUSBメモリの表裏　下：「どっちもUSBメモリ」㈱バッファロー）

第3章　利用者視点のアプローチ　　*31*

して、面の上下の判別を容易にする取り組みもある。根本的な解決は、そもそも上下の判別を不要とすることである。利用者の要望から問題の本質を問い、デザインの要件を明らかにすることで、上下どちらにも挿せるUSBメモリ（**図3.3下**）が登場した。

(4) シャワー・バス水栓

図3.4はヨーロッパのとあるホテルでのシャワー・バス水栓である。シャワーの水とお湯、カランの水とお湯、すべてに独立に栓がついている。一方、切り替え式のシャワー・バス水栓がある。これらは操作のわかりやすさや、使い方に違いを生じさせる。こうしたことは利用者の思考とデザイン構造が符合しているかどうかに関係している。同様に、携帯電話やパソコンのメニューのどこに自分に必要な機能が入っているのか、容易に辿れずに苦労した経験はないだろうか。

図3.4　シャワー・バス水栓（左：全てが独立　右：レバーで切り替え）

3.1.2　作り手と買い手の視点

(1) デザインの過程とその質

旧来のものづくりでは、製品自体の性能や機能の向上に力点が置かれることが多かった。近年では、企業での製品開発を中心に、利用者や使用環境に配慮

した「ひとにやさしい」製品を目指し、多くの優れた取り組みがある。「ユニバーサルデザイン」と大々的に銘打った商品やサービスは、当初よりは控えめになった印象がある。このことは、その概念が広く浸透し、よい意味で当たり前となったことの表れかもしれない。しかしその一方で、「ユニバーサルデザイン」を謳いながらも、その実効性まで配慮が至らず意味を失ってしまったもの、残念ながら結果としてユニバーサルデザインとはかけ離れてしまったものも少なくない。使用者の立場に立った設計がなされているかどうか、「ひとにやさしい」を具現化するための製品設計の手順と過程、すなわち、デザインプロセスの質が今一度、問われなければならない。

(2) 利用者にとっての価値

商品の購入に際して重視する要素は何か、経済産業省による調査結果がある。平成18年「生活者の感性価値と価格プレミアムに関する意識調査」[1]では、図3.5のとおり、重視する要素の上位は「品質の良さ」「機能性の良さ」「デザインの良さ」が占め、「価格の安さ」を凌いでいる。自分にとって価値ある商品は、価格が多少高くとも購入する傾向がある。また、2007年「日本デジタルカメラ顧客満足度調査」では、顧客の総合的な満足度を向上させるためには「機能・性能」面の改善が必要であり、そのためには、利用者の立場に立った「わ

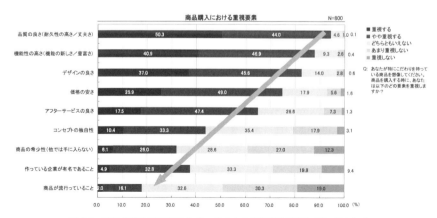

図3.5　商品を購入するにあたり、どのような要素を重視していますか？
（経済産業省「生活者の感性価値と価格プレミアムに関する意識調査」平成18年12月）

かりやすさ」の向上が鍵であるとしている[2]。「わかりやすさ」「使いやすさ」は、利用者が製品に対して見いだす重要な「価値」である。情報技術の高度化とともに、機器は多機能化し、利用者と製品の関わりも複雑化する傾向にある。利用者視点による製品価値の向上が求められている。

3.2　「使いやすさ」とは

3.2.1　ユーザビリティ
(1)　その「良さ」の表現

製品の取り扱いが容易であり、操作がわかりやすい場合に、我々は「使い勝手がよい」、「使いやすい」といった言葉を用いる。また、そこに十分な機能と効果がともなえば、「便利」という感覚をもつ。「ユーザビリティ（usability）」とは、そうした製品使用の「使えること（usable＝use＋able）」の満足感を表した概念である。「ユーザビリティ」を構成する要素について、次のような説明がなされている。

(2)　ニールセンによる定義

ニールセン（Jakob Nielsen）は、その著書「ユーザビリティエンジニアリング原論」のなかで、ユーザビリティとは、「学習しやすさ」「効率」「記憶しやすさ」「エラーリスクの低さ」「満足感」といった要素から構成される概念であるとしている[3]。いずれかの要素に不足があれば、その点を改善することで全体的なユーザビリティを高めることができるとしている。ソフトウェアやWebデザインの設計においても、こうした観点による評価の重要性が示されている。

(3)　ISO 9241-11 での定義

ISO 9241-11は「人間工学－視覚表示装置を用いるオフィス作業（Ergonomic requirements for office work with visual display terminals）」に関する国際標準規格である[4]。コンピュータをはじめとして、視覚表示装置（VDTs：visual display terminals）に対する要求を取り扱っている。このなかで「ユーザビリ

ティ」は、ある製品が所定の利用者によって、所定の利用状況下で目的を達成するために用いられる際の「有効さ」「効率」「満足度」の度合いであるとしている。「有効さ」とは目的を達成する際の正確さ、完成度を指している。

3.2.2 利用者と製品の隔たり－行為の7段階理論

ノーマン（Donald Norman）は、利用者が製品を使用する際の「ユーザビリティ」を分析するにあたり、利用者の行為と製品との関係性を、図3.6に示すような、「行為の7段階理論」によって説明している[5) 6)]。我々が製品を使用するとき、その行為には、「実行すること」と、その結果について「評価すること」の二つの側面をともなう。

(1) 利用者と製品を隔てる淵

利用者が達成しようとする目的と、製品の状態との隔たりを「淵（gulf）」とする。設計においては、この淵をなるべく狭くすべきであり、利用者が容易に淵を超えられるよう、利用者の行為を助ける橋が必要である。すなわち、評価と実行を助けるような橋渡しがあるかどうかをチェックすることで、デザインのユーザビリティを検証できる。

(2) 実行の橋

利用者が製品を扱うときには、自身の「意図」から「行動選択」、そして「操作」という手順で「実行の橋」を渡って淵を越えていく。分厚いマニュアルがなくとも、見ただけで何をしたらよいかがわかる製品は、この「橋渡し」に優れているといえる。

(3) 評価の橋

利用者が状況を理解するには、結果を「知覚」して、それを「解釈」「評価」することで、「評価の橋」を渡ってこなければならない。この橋渡しがうまくいくことで、利用者は「わかりやすい」「使いやすい」感覚を得る。反応のない機械は不安であり、不適切な時間遅れは不快感を与える。

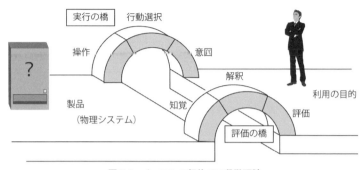

図 3.6　ノーマンの行為の 7 段階理論

3.2.3　適合性

人間と製品の接点、やり取りの接点を「ヒューマンインタフェース（human interface）」という。人間と製品の「適合性（compatibility）」がよいとは、インタフェースが適切であり、使用に無理がないことを意味する。適合性には、次の 5 つの側面がある。

(1)　身体的適合性

身体寸法や姿勢に対する機器の位置、形状の適切さ。操作に無理がないかなど、動作特性に対する適切さ。操作範囲、握りやすさ、つかみやすさなど。

(2)　情報的適合性

利用者の思考の筋道に合っているかどうか、利用者と機器との情報のやり取りに関する適切さ。利用者の知覚、認知、情報処理に対する適切さ。表示の見やすさや、わかりやすさなど。

(3)　時間的適合性

疲労の問題に関連する作業時間や休憩時間の適切さ。また、機械の応答における時間遅れなど、時間が関連する要素の適切さ。

(4)　環境的適合性

温熱環境、空調、明るさ、騒音、振動、臭気など、製品を利用する際の環境の適切さ。

(5) 運用的適合性

製品の機能が十分に発揮できる運用状況にあるかどうか。運用面への支援が適切か。情報の共有化、事故防止への方針、製品による円滑なサービス提供に配慮があるかなど。

3.2.4 二重接面理論

利用者が機器や道具を使用して目的を達成するとき、その過程には、利用者が機器を操作すること、機器が結果を外部に出力すること、というふたつの段階がある。すなわち、利用者と機器との間、機器と外界（物理的な世界）との間で、二つ境界面が存在している（**図3.7**）。この境界面を「接面」といい、以下に分類できる[7]。

(1) 第1接面

操作者と機器・道具の間に介在する部分。操作ボタンや入力装置、道具の握り、取手など。人間の操作の習慣に合うよう身体的適合性をふまえて設計される。ステレオ装置では、音量つまみが第1接面である。

(2) 第2接面

機器が機能して効果を生じさせるとき、機器と外界との間に介在する部分。最終出力を担う対象であり、ステレオ装置の例では、スピーカが第2接面となる。多くの場合、利用者は第2接面の出力から何らかのフィードバックを得ている。

(3) 接面と使いやすさ

機器や道具を「使いこなした」状態では、第1接面と第2接面は近接する。熟達したテニスプレーヤーがラケットを自身の手先のように思う状態がそれである。金槌など手で握って扱う道具の多くは、二つの接面が極めて近いところにある。システムが複雑になると、フィードバックを得ることが難しくなり、その距離は離れていく。逆をいえば、外界に対する作用の状態を第1接面で適切に把握できるようにし、第1接面と第2接面を近づければ、使いやすさは向上する。

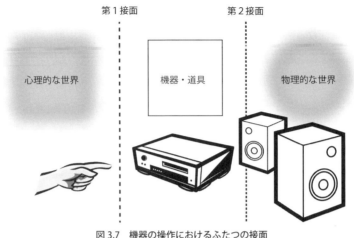

図 3.7　機器の操作におけるふたつの接面

3.2.5　デザインによる導き

(1)　アフォーダンス

「アフォーダンス (affordance)」はギブソン (James J. Gibson) によって提唱された概念である。造語であるが、affordという単語自体には「～することができる、もたらす」という意味がある。ノーマンは、デザインおけるアフォーダンスとは、物体のもつ形、色、材質などの特徴によって、どう扱ってもらいたいかというメッセージが物自体に内包されている状態であるとしている[8]。アフォーダンスによって導かれる利用者の行為と、製品の構造・機能が合致していれば、製品の操作は容易である。ドアの取手に適切なアフォーダンスがあれば、「押す」「引く」「回す」を判断するのは簡単である。行為への対応が見えにくいセンサ感応式の水栓蛇口の前では戸惑うことがある。

(2)　ポピュレーションステレオタイプ

大多数はある決まった行動をとるだろうと見込むことがある。このような、利用者に想定する傾向、観念を「ポピュレーションステレオタイプ (population stereotype)」という。しかし、どのようなアフォーダンスを受け取り、どのような行為を選択するかは、利用者の習慣や事前知識の有無に依っている。玄

関の段差を見て靴を脱ぐことを連想するのは、その習慣を知っているからである。操作画面に並ぶ図形だけを見て、誰しもが「クリック」や「タップ」を想起するだろうか。「大多数」に不用意な見込みをもつことには注意しなければならない。

(3) 一貫性

同じ機能が同じ方法で表現されるとき、製品はより使いやすく、また操作法を修得しやすくなる。あるデザインの意味や行為が一貫していることを「機能的一貫性」という[9]。たとえば、「再生」はいつも右向き三角記号で表され、つまみは右回しで「大きく・強く」に向く。

(4) マッピング

動作させるスイッチと、それが果たすべき機能には、自然な対応付けがなければならない。スイッチの位置と動きが、装置の配置や動きと符合している方がわかりやすい。ガスレンジでは、バーナーが四隅に配置されていても、つまみは一列に並んでいる。図3.8には、そのレイアウトの違いによる誤操作率を示している[10]。

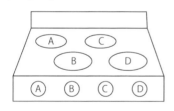

I（誤操作／試行回数：0/1200）

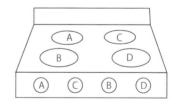

II（誤操作／試行回数：76/1200）

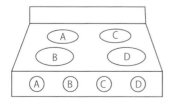

III（誤操作／試行回数：116/1200）

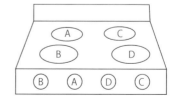

IV（誤操作／試行回数：129/1200）

図3.8　ガスレンジにおける操作系のレイアウトと誤操作率

(5) 近接効果

近くにある要素同士は、離れている要素同士よりも関係が深いと認識される。これを「近接効果（proximity）」という。まとまりを持って配置されるスイッチ類は共通点があり、関連していると認識される。また、色や形の類似性によっても、機能の関連性を認識させることができる。

3.3 人間中心設計の考え方

3.3.1 設計者・製品・利用者－三つの概念モデル

利用者が頭のなかに描いている製品使用のイメージは「メンタルモデル」と呼ばれる。一方、設計者が製品に望むイメージやデザインの方針を「デザインモデル」という。そして、利用者が実際に製品から受け取るイメージを「システムモデル」という。利用者の「メンタルモデル」と開発者の「デザインモデル」に食い違いが生じると、開発者の意図に反して、利用者にとっては使い勝手の悪い製品が生み出されてしまう。

3.3.2 利用者視点による製品設計

ノーマンはユーザビリティに優れた製品を生み出すためには、利用者の視点に立った設計と評価がなされるべきであると述べている[8]。そのためには、利用者を注意深く観察し、利用者の性質、利用する状況、配慮すべき事項を明らかにしてデザインに反映させることが必要である。このような、利用者を中心としたデザインプロセスを「人間中心設計（human-centered design）」という。人間中心設計は、そのためにどのような段階的な手順を踏めばよいのかを示した枠組みである。

3.3.3 開発プロセス－向上のサイクル

ISO 13407は「インタラクティブシステムの人間中心設計プロセス（Human-centered design process for interactive systems）」の国際規格である[11]。日本

では、その翻訳規格としてJIS Z 8530「人間工学－インタラクティブシステムの人間中心設計プロセス」が発行されている。ここでいう「インタラクティブ」とは、利用者と製品の間のやりとり全般を示している。そのため、多くの製品がその適用範囲にある。ISO 13407は、人間中心設計の開発プロセスを規定している。**図3.9**に示すように、まず、その必要性を明らかにすることから始まり、以下4つの段階を一連の手順として、各項目を満足するまで繰り返し実施していく[12]。

(1) 状況の把握

どのような人が利用者なのか、また使い方の特徴や傾向は何か、どのような環境で利用するのかを明らかにする。観察や情報収集が十分でなく、設計者が想定した利用者と実際の利用者に相違があると、当然使いにくい製品が生まれる。

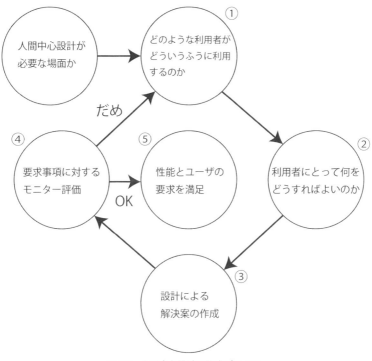

図 3.9　人間中心設計の開発プロセス

(2) 要求事項の明確化

利用者はどうしてもらいたいのか、要求や問題点を明確にする。収集した情報を整理して、解決すべき事項、製品の目標、設計仕様への要求を明らかにする。ただし、人間中心設計は利用者のリクエストに合わせる対処療法的な設計ではない。問題の本質を分析し、利用者も気づいていない潜在的な要求を明らかにし、デザインによる解決を模索する取り組みである。

(3) 設計による解決案の作成

要求仕様に応えるデザイン案を視覚化、実体化する。プロトタイピングやシミュレーションを行い、利用者からのフィードバックを得ながら試作と改良を繰り返す。「プロトタイピング」とは、スケッチなどの平面表現や、モックアップなどの立体表現を得ることによって、デザインを実体化するための手法である。

(4) モニター評価

利用者の要求に対して、製品の機能や性能が達成されているか、利用の目的が満足されるか、製品を実際に使用してもらい評価する。利用者の要求が満足されていれば、プロセスは終了する。そうでなければ、最初の段階に戻りプロセスを繰り返す。

3.4 人間中心設計の手法

3.4.1 潜在的要求を探る

(1) 利用者の観察

知覚、認知、操作の手順や流れ、時間、識別性、安全性などの観点で観察する。たとえば、適合性の5つの側面から分析することができる。観察の方法は「直接法」と「間接法」がある。

①直接法

利用者の使用状況を実際の使用環境とともに観察する方法。フィールドワークはこれにあたり、利用者が生活、就業するその場に足を運び調査する方法。

②間接法

事前の調査結果にもとづき、ある利用条件を変化させたときの応答を観察する方法。ある仮説を設けて実験条件により検証する、いわゆる演繹的な調査の方法。

(2) 情報の整理と分析

収集したデータに対して、グループで協力して問題を分析し、アイデアを練熟させる「ブレインストーミング」の方法がしばしばとられる。また、利用者が製品を使用する場面と、そのときの行動内容を図的に整理する「ワークモデル分析」がある[13]。図式化することで、その行動の背後にある傾向や潜在的な要求事項を抽出する。

3.4.2 デザインコンセプトの立案

デザインコンセプト（design concept）とは、製品のデザイン全般に関わる方向性を示すものである。どのような人が使用し、製品でどのようなことを行って、どんな利得があるのか、具体的な製品の使用イメージをまとめたものとなる。デザインコンセプトを明らかにするための手法として、「ペルソナ」や「シナリオ」がある。また、利用者の分類と対応を効率的に決定する方法として、IAUD「UDマトリックス」[14]などが提案されている。

(1) ペルソナ

その製品の典型的な利用者の人物像（ペルソナ）を想定し、そのペルソナが個人的にどのような満足を期待しているのか、どのような価値を得られるのか、仮想的な個人の視点を通じて検討する方法である。ペルソナはフィールドワークによる調査結果をもとに作成される。仮想的な個人を作り出すうえで、名前や年齢、顔写真、嗜好など、実際に存在するかのようにディテールを描くことが重要とされる。あわせて、製品利用の目的、人間関係、製品の習熟度や経験などを盛り込む[15]。

(2) シナリオ

ペルソナがどんな状況で製品をどう利用するのかをストーリーとして描いた

ものである。製品の使用イメージを、「いつ」「どこで」「だれが」「どうして」を明示して、個人や社会を含めた脚本（シナリオ）として記載する。デザインコンセプトを明確にし、製品のイメージをわかりやすく他者に伝えることに役立つ。技術的な実現可能性、市場規模などは含めずに、あくまで実現させたい使用イメージ、製品の世界観を描き出すことが重視される。

(3) IAUD UD マトリックス

日本人間工学会、国際ユニバーサルデザイン協議会（IAUD：International Association for Universal Design）により提唱された、利用者分類とデザイン上の配慮ポイントを導き出すためのサポートツールである。規定の「ユーザー分類表」を参照して利用者の属性を明らかにし、事例や要求事項を特定する。シナリオとあわせて「基本タスク」を検証し、解決案を明らかにする。内容に応じて構造的に配置されたマス目（マトリックス）に記入しながら分析を進めていく。

3.4.3 製品の要求仕様

デザインコンセプトに基づき、製品の目標や設計上、盛り込む事項を記載する。製品の要求仕様には、「機能的要求」と「品質要求」のふたつの内容がある。

(1) 機能的要求

商品が最低限、機能として持つべきもの。製品が機能するうえで、本質的に備えるべき事項を記載する。デジタル画像が撮れる、お湯が沸くなど。

(2) 品質要求

製品の機能が、どのような性能や品質で達成されるかを要望したもの。ユーザビリティへの配慮はこちらに含まれる。他に、セキュリティ機能、操作の信頼性、見た目の印象など。

3.4.4 デザイン要素の構造化

明らかとなった要求仕様を、いかに製品のデザイン要素や構成に反映するかが重要である。そのためには、利用者の考え方、認知や行動の構造を分析し、デザインの構造と符合させることが必要である。製品の機能のすべてを一望のもとに表示しても、使いやすさは向上しない。情報が過剰であれば、行動の選択はより難しくなる。また、ひとつの操作スイッチに複数の機能が割り当てられてしまうと、「マッピング」は難しくなる。情報や機能を多数の層に分け、必要に応じて関連のある層のみが提示される「段階的開示」などの方法や、「近接効果」、「類似性」を利用した工夫がある。これらは、決してソフトウェアによるものだけでなく、ハードウェアメカニズムによっても達成できる。テレビのリモコンにはこうした工夫が随所に見られる。

3.4.5 ユーザビリティの評価手法

ISO/TR 16982「ヒューマンインタラクションの人間工学－人間中心設計のためのユーザビリティ評価手法（Ergonomics of human-system interaction - Usability methods supporting human-centered design）」では、12種類のユーザビリティの評価手法が取り上げられている。本章では手法の詳細は割愛するが、利用者の観察、パフォーマンス評価、質問紙法などの活用が規定されている。ユーザビリティの評価は、顧客満足度（CS：customer satisfaction）、製造物責任（PL：product liability）を評価するうえでも重要な役割を果たす。

3.5　人間工学によるアプローチ

人間中心設計の根幹的なアプローチとして、生理学や運動学、認知心理学の知見にもとづいて身体動作や生理反応を工学的に分析し、人間に適合した設計に活かそうという「人間工学（ergonomics）」の取り組みがある[16]。

3.5.1 人の特性を知る
(1) 身体特性を知る
　姿勢や動作に無理のない設計をするには、身体の形態学的、運動力学的な特徴を把握することが重要である。「運動力学（kinetics）」とは、身体の位置や角度の変化、それにともなう身体の力学的な作用を分析する分野である。
(2) 認知特性を知る
　「わかりやすさ」の理解には、人間の知覚と認知の仕組みを知ることが必要である。「認知心理学（cognitive psychology）」は、人間の情報処理のプロセスを扱う分野であり、他に記憶、思考、学習なども含む。
(3) 感性を知る
　人間の感性や感覚、また感情や情動といった精神心理活動は、製品の「心地良さ」や「快適感」、「やすらぎ」を考えるうえで重要である。「感性工学（kansei engineering）」は、感性の計測と定量化に関する手法、揺らぎ、ファジィといった数理学的方法による分析を扱う分野である。

3.5.2 身体寸法と空間設計
(1) 身体は「ものさし」
　手足の長さや歩幅などは、歴史的には物の大きさや空間を実測する「ものさし」の役割を果たしてきた。製品設計においても、その大きさや仕様を決定する際の基準である。たとえば、自動販売機の寸法は、**図3.10**のような想定のもとに決定されている[12]。設計に必要な身体寸法値には、直立立位や座位など、標準姿勢における寸法値と、作業姿勢や動作を行うときの身体の動作範囲を示す「動作域寸法」の二つがある。
(2) 身体寸法データ
　日本人の身体寸法データのうち、計測年が比較的新しく入手可能なデータとして、産業技術総合研究所の「AIST人体寸法データベース」がある[17]。JIS Z 8500「人間工学－設計のための基本人体測定項目」は身体寸法の測り方や、その際の計測点を規定した工業規格である[18]。

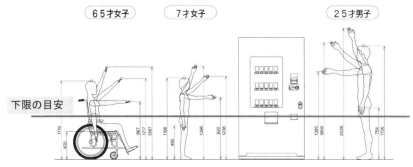

図 3.10　自動販売機の寸法と利用者 [12]

(3) **年齢、性別、年代**

　人体寸法や身体特性は、年齢、性別などによって変わってくる。身体寸法をデータとして活用する際は、どのような人々の寸法データなのか明確にする必要がある。たとえば、「日本人の20歳男性」というだけでは十分でなく、計測年も無視できない。これは、**図3.11**に示すように、体格は年代によって大きく変遷しているからである[17]。

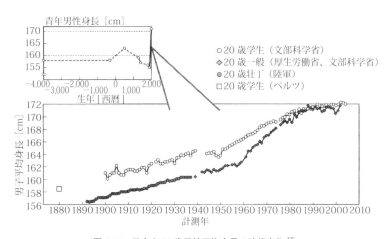

図 3.11　日本人 20 歳男性平均身長の時代変化 [17]

(4) 寸法の代表値

寸法の代表値を用いる際は、データの分布傾向を正しくとらえることが必要である。平均値や標準偏差などのほかに、最大値、最小値、パーセンタイル値などがある。たとえば、95パーセンタイル値とは、標本全体の95%が含まれるような寸法値のことをいう。このとき、ここから外れる5%がいることを忘れてはならない[19]。

3.5.3 動作の特性と操作

(1) 操作と動作の方向

手腕による操作の方向には「積極的方向」と「消極的方向」がある。ただし、利き手の問題や、文化的背景、習慣が関与することにも留意する必要がある。

①積極的方向

操作すると増加、強化、起動、流れなどが起こる方向である。一般的に、上、右、先方へ押す、時計回りなどが対応付けされる。

②消極的方向

操作により減少、弱化、停止、逆転などが起こる方向である。一般的に、下、左、手前に引く、反時計回りなどが対応付けされる。

(2) つまみと握り

人は民具（すき、くわなど）の把手寸法や形状は、長年にわたって経験により決められてきた。民具の把手には、縦、横とも直径30mmを中心として40mmくらいまで分布しており、縦長の楕円が多い[19]。最大握力は性別に関係なく、日本では75mm程度、米国では66～85mmである。

(3) 高齢者の特性

65才以上75才未満を前期高齢者、75才以上を後期高齢者と定義している。高齢者を2つに分けるのは、75才を境に身体機能の衰えが著しくなることによる。若年者20～24才の身体的機能を100として55～59才のそれらを比較したものが図3.12である[9]。高齢者は皮膚感覚、平衡機能、運動調節機能、視力、聴力などの低下が著しい[20]。

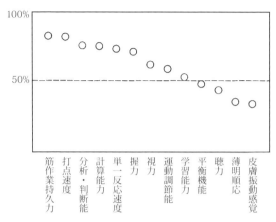

図 3.12 老化する人の身体機能[9]

3.5.4 人間工学的指標による評価

人間中心設計が正しくなされたか、その良し悪しを定量的に評価するためには、運動力学特性や生理反応による計測・評価技術が不可欠である。指標としては、作業パフォーマンス、生理的指標、主観的評価などがある。一方、人間特性を計算機モデルのなかに再現し、体格差の評価や、機器と身体の適合性を評価可能な「デジタルヒューマン」の取り組みがある[21]。

(1) 力学指標

生体の機能と構造にもとづき、身体動作の運動学的な特徴から評価する。関節トルクや筋力などを推定し、動作の効率や負担を力学的に分析する。こうした分野は「バイオメカニクス（biomechanics）」と呼ばれている。バイオメカニクスの視点は、身体への力学的負担が少なく、扱いやすい製品設計を行う上で重要である[22]。

(2) 生理指標

外的な刺激やある状況に対する生理反応の計測を基に構成する。感性の関連では、心身の状態と生理指標との高い相関性が示されている。自律神経活動を反映し、メンタル負荷の定量化などにも活用される[23]。

3.5.5 総合的な視点
(1) 文化と背景

図3.13はヨーロッパのエレベータのボタンである。海外では地上階を1階と呼ばない地域が多数ある。また、西洋では文章を読む方向にも関連し、一番上の一番左に配置された要素を最も重要と考えるそうである[10]。製品や機器を扱うのは、あくまでに実社会、実生活においてである。人間と製品の関係性だけでなく、使用する環境や状況を十分考慮しなければならない。環境には、空間的、物理的なものだけでなく、心理的環境、文化的背景、民族性、価値観も含まれている。製品のデザインには社会の慣習や経緯を無視できない。これは製品に対する利用者のメンタルモデルやアフォーダンスにも関わるからである。

図 3.13　ヨーロッパのエレベータのボタン

(2) 日常の不便さ

「日常生活の不具合点についての調査」では、家電機器をはじめ、台所やトイレなどの生活関連の製品にいまだ多くの不便さが報告されている[20]。使用時に手首に大きな負担をかけてしまうようなハンディ掃除機がたくさんある。体と心に馴染み、無意識にも「また使いたい」と思う製品の設計、知らず知らず

にそのデザインの恩恵にあずかれる製品の設計が求められる。

(3) 「使いやすさ」の追求

不便さを感じる場面は、手元の日用品から、機械、交通施設やサービスなど、我々の身の回りにたくさん存在している。こうした状況に、利用者の側が製品に合わせることで対処している例がいかに多いことか。自分の能力が足りない、注意が足りないと責めているだけでは状況はよくならない。使いやすい製品とはどのようなものか、その不合理や違和感を科学的視点に立ち分析し、積極的な提言を行うべきである。企業にとっては、顧客である利用者の満足度を高めた製品を開発することは、「企業の社会的責任（CSR：Corporate Social Responsibility）」を果たすことでもある。

参考文献
1) 経済産業省：「生活者の感性価値と価格プレミアムに関する意識調査」平成18年12月
2) J. D. パワー アジア・パシフィック：2007年日本デジタルカメラ顧客満足度調査（2007）
3) Jakob Nielsen、篠原 稔和、他：ユーザビリティエンジニアリング原論―ユーザーのためのインタフェースデザイン、東京電機大学出版局（2002）
4) ISO9241-11 Ergonomic requirements for office work with visual display terminals（1998）、JIS Z8521 人間工学―視覚表示装置を用いるオフィス作業―ユーザビリティの手引き―（1999）
5) David M. Frohlich：Direct manipulation and other lessons, Handbook of Human-Computer Interaction, Elsevier Science Publishers（1997）
6) 岡田謙一、他：ヒューマンコンピュータインタラクション、オーム社（2002）
7) 佐伯 胖：ヒューマンインタフェースと認知工学、コンピュータソフトウェア、8(2)、100-109（1991）
8) D. A. ノーマン：誰のためのデザイン？ 新曜社（1998）
9) William Lindwell 他：Design Rule Index、ビー・エヌ・エヌ新社（2004）
10) A. Chapanis, L. E. Lindenbaum：A reaction time study of four control-display linkages, Human Factors, 1(4)：1-7（1959）
11) ISO13407 Human-centered Design Process for Interactive Systems（1999）、JIS 8530 インタラクティブシステムの人間中心設計プロセス（2000）
12) ユニバーサルデザイン研究会：新・ユニバーサルデザイン―ユーザビリティ・アクセシビリティ中心・ものづくりマニュアル、日本工業出版（2005）
13) 棚橋弘季：デザイン思考の仕事術、日本実業出版社（2009）
14) 日本人間工学会：ユニバーサルデザイン実践ガイドライン、共立出版（2003）
15) 樽本徹也：ユーザビリティエンジニアリング、オーム社（2005）
16) 人間生活工学研究センター：ワークショップ人間生活工学 第1巻 人にやさしいものづくりのた

めの方法論、丸善（2005）
17) 持丸正明、他：人体を測る－寸法・形状・運動－、東京電機大学出版局（2006）
18) JIS Z 8500 人間工学－設計のための基本人体測定項目（2002）
19) 出村博．ヒューマンインタフェース，オーム社（1998）
20) 通産省生活産業局：高齢者対応型産業の研究、通産資料調査会（1996）
21) 堀俊夫：産業技術総合研究所 デジタルヒューマン研究ラボ、システム制御情報学会誌、46(2)、91-92（2002）
22) 日本機械学会：生体機械工学－ A Bioengineering First Course －、日本機械学会（1997）
23) 中森義輝：感性データ解析－感性情報処理のためのファジイ数量分析手法、森北出版（2000）

コラム　しゃべるパソコンの元祖！？

　1983 年に発売されたパソコン PC-6001mk II（NEC 製）は、当時としては画期的なある機能を搭載していました。それは入力されたコマンドに従い、日本語を話す「音声合成機能」でした。何と言っているか聞き取りにくいところもありましたが、多くの人がこの機能を楽しみ、登場人物がしゃべるゲームソフトまで作られました。あれから約 25 年…。

　現在発売されているパソコンには格段に進歩した音声合成機能が搭載されていて、画面上の文字を読み上げることができます。これは高齢の方や目の不自由な方がパソコンを使うのに欠かせない機能となっています。長年にわたる技術の進歩がユニバーサルデザインの可能性を広げているのです。

写真 4.14　PC-6001mk II（NEC 製）

第4章
人間工学の活用

　人間工学は、エルゴノミクス（Ergonomics）やヒューマンファクター（Human Factors）とも呼ばれ、働きやすい職場や生活しやすい環境を実現し、かつ安全で使いやすい道具や機械をつくることに役立つ実践的な科学技術として発展してきた。この人間工学の活用を紹介する。

4.1 使いやすさについて

ヒューマンインタフェースでは、人間の動作性・姿勢・生理機能（温熱など）に加え、好みや満足度、表示の認知性、周囲との調和などの心理的ファクタが要求される。使いやすいものは作業がしやすく、安全で、満足感が得られる。快を感じるときには、脳波はα波が優勢、心拍数は低下し、緊張がゆるむ。逆に不快のときは、脳波はβ波が優勢、心拍数は上昇し、骨格筋が緊張する[1]。

わかりやすいものは使いやすい。まぎらわしいものは使いにくい。視聴触覚を駆使して操作のわかりやすさを実現していくことは大切であるが、人それぞれに刺激の認識と理解度、好みが異なることを念頭におかなければならない。

使いやすさの指針をあげると以下の2点につきる。

(1) 労力の少ない動作ですむこと、つまり、負担や疲労が少なく時間もかからないこと。疲れにくいことは人にフィットしていることである。

(2) 動作を単純化して注意力が少なくてすむこと。これは操作方法のわかりやすさにも共通し、誤りを犯しにくいことである。

4.2 使いやすさなどの評価方法

4.2.1 官能検査とは

人は体験によって道具の使いやすさ、飲み物の味、衣類の風合い、乗り心地、切れ味などを主観的に評価している。このように人間の感覚器自体を測定器と見立てて、感じたことを言葉で順序付けして、品質を評価する方法を官能検査という。今日の官能検査は工業製品の検査を始め、商品のイメージを把握したり、価値観を分析するためにも使われるので、日本工業規格（JIS）に官能検査通則が制定されている[2]。しかし、個人差、体調やその日の気分、訓練、周囲などの影響を受けやすいので、できるだけ標準を保つ工夫をした後、多くの実験をする必要がある。経験的に30人前後が最小人数とされている[3]。

評点尺度には５段階とか７段階がある。たとえば**図4.1**のような尺度によって良い、悪い、または条件の満足度などをある基準に基づいて点数を付ける。

```
非           か           か           非
常   か       や           な   非
に   な       や   普   や   り   常
悪   り       悪   通   よ   よ   に
い   悪       い       い   い   よ
    い                       い
─────────────────────────────
 -3   -2   -1   0   +1   +2   +3
```

図 4.1　７段階評点尺度

4.2.2　官能検査の仕方[2)3)]

　工業的な目的によって多くの官能検査方法があるが、人間工学では品質とか仕組みのもっともふさわしい特性を見いだすため、試料を評価尺度によって順序付けすることが多い。

(1) **順位法**　提示した試料について、指定した特性の順序に並べる。複数の評定者にそれぞれ10個程度の試料を提示し、順序を付けてもらい全体を統計処理する。

(2) **採点法**　試料を与えて刺激の強さとか品質の良否の程度を採点する。あらかじめ基準尺度をいくつか決めておき、各々の試料を基準に照らして格付ける。3段階評定尺度では、使いやすい、普通、使いにくいなどがあり、それらを1、0、-1などの数値尺度に直す。

(3) **一対比較法**　2個の試料を一組として、特性、状態などを比較する。ある個数の試料を順序付けする場合に、2個づつ取り出して比較判定を繰り返していく。

(4) **SD法**　Semantic Differential法といわれ、感情や快適性、イメージなどの測定に使用される。住み心地、におい、味などの定量が難しい質的な印象を多面的に調べる場合に適している。

　たとえば、テレビを買うときには、見やすいかどうか、はっきりしているかどうか、美しいかどうか、明るいかどうか、落ちつくかどうか、などを総合して製品を選ぶと思う。そこで、見やすい－見にくい、明るい－明るくない、疲

れない－疲れる、などの相対する"感じ"を5段階、または7段階づつに分けて評点を入れる[4)5)]。それらを図4.2のような放射状の円グラフに表すと、どの製品が他と比べてどういう因子が強いかが一目で判別できることになる。

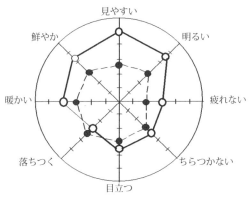

図 4.2　SD 法の例

4.2.3　生理的な評価方法

　生理的な（いわゆる客観的な）計測によって心理的な情報を得ようとするものである。たとえば瞳孔の開き、心拍数、血圧の変化などの計測によって、快・不快、操作しやすい・しにくいなどの客観的な指標が得られるが、これらのデータそのものから心の動きの程度をとらえることは難しい。それで官能検査と併用されることが多い。

(1)　**心拍数**　ポリグラフで心電図を測定したり、脈拍計と耳たぶセンサで心拍数を測定することができる。ポリグラフは身体の異なる部位、胸と腹などの電位差を心電図を参照して測る。心拍数は身体が活動すると増加し、酸素を消費する量にほぼ比例する。仰臥（ぎょうが：あおむけ寝）、あぐらで最小となる[6)]。中腰の状態で心拍数はそれより50%増加し、酸素消費量は3倍になる。ところが精神的な緊張、圧迫でも増加するので、身体的動作が小さい場合には、機器操作などの精神的緊張度が評価できる。

心拍の変動　心拍の間隔（R－R間隔）はいらいらすると変動する。350個ほど観測して周波数成分に直すと（これをパワースペクトルという）、**図4.3**のごとく低い周波数LFと、それより高い周波数HFの領域に分離できる。平常時にはLF≦HFであるが、いらいらするとLF≫HFとなるので[7)8)]、使い勝手が評価できる。

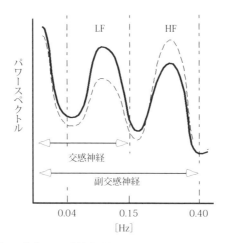

図4.3　心拍間隔変動の周波数特性（点線は平常、実線はいらいらとか恐怖）

(2)　**呼吸数**　集中して操作するときには、作業開始と同時に呼吸は浅く回数が増えることが知られている[9)]。

(3)　**手の電気抵抗**　**図4.4**で中指と薬指にそれぞれ2つの電極を貼るとか、手の皮膚の2点に電極を貼り、その間の電気抵抗を測定する。精神的な緊張や感情で発汗し電気抵抗が下がるので、驚きなどが測定できる[7)]。

(4)　**脳波**　頭皮上に20個くらい電極を張り付け、それらの電極間の電位差を脳波としてとらえる。一般に活動が盛んなときに周波数は高く、低調なときに低くなる。電位変動の周波数を分類してどういう状態かを調べる。その周波数は0.5～35Hzで以下のように分類されている[4)10)]。
このうち、目覚めている状態（覚すい状態）で観測されるのはα波かβ波で

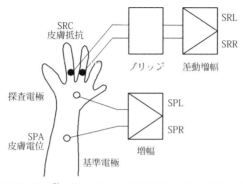

図 4.4　皮膚電気活動[7]　（SRL、SPL は標準の電位、SRR、SPR は変動電位）

ある。

　α波：目を閉じて落ちついた状態、ぼんやり目覚めた状態で、周波数はほぼ8Hzから13Hzである。

　β波：何かに注意を向けた状態、はっきり目覚めた状態で、主要周波数は13Hz以上である。

(5)　2点間の弁別閾値　コンパスの先端間隔を変えて、2点で同時に皮膚を刺激すると、間隔が狭いときには1点を刺激されたように感じ、広いと2点を刺激されたと感じる。

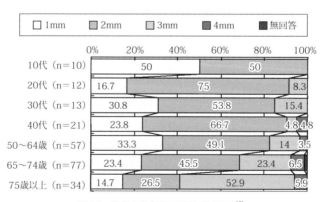

図 4.5　指先の2点弁別閾値（年代別）[17]

58

図4.5ではスピアマン式触覚計という器具を使って、閉眼してmm単位で指先2点間の弁別閾値が測定された[7)16)]。弁別閾値は、若・壮年者の66%が2mmであった。視覚障害者では39%が1mm、47%が2mmであった。

高齢健常者では38%が2mm、39%が3mmであった。総じて視覚障害者は指先が敏感であり、高齢者は鈍化していることがわかる。

びんやカンの表面に打たれた浮き出し文字や、点字の識別に関係する。

4.3　ユーザビリティ

4.3.1　ユニバーサルデザインとユーザビリティ

ユニバーサルデザインは、一人でも多くの人が使える製品を開発するという活動であり「だれにも使える」という目標を掲げて、デザインの方向性を提示している。

ユーザビリティは、製品を使いやすくするための技術である。ユーザビリティはどのようなデザインプロセス（ISO 13407でいう人中心設計など）でそれを実現するかという具体的な取組を提示している。不適切な製品には以下の2種類がある。

(1) 設計者が想定したユーザーと実際に利用するユーザーがずれている場合（コンピュータ、ATMなど）
(2) 設計者が想定したユーザーはよかったが、彼らに対する情報収集が十分でなかった場合

ユーザビリティは(1)にかかわるものが多い。ある会社で、次世代エレベータのデザイン開発のため実態調査をしたところ、健常者が頭で考えたのでは気づかないバリアがかなり多くあった（身体機能の個人差が大きいこと）、それに加えて心理的なバリアも多くあったという。

汎用コンピュータとそのソフトは、その開発当初は暗黙のうちに20～30代の白人ホワイトカラー・男性を想定していることが多かったという。これは開発者自身をモデルにしていたもので、他人を想定して設計しなかった悪例である。

4.3.2 ユーザビリティとは

日本語ではusableは「使用できる」という意味で、usabilityは「使いやすさ」と訳されている。では、使いやすさとは何であろうか[12]。

ISO 9241-11（JIS Z 8521（1999））での定義では

ユーザビリティの国際規格　ISO 9241（Ergonomic requirements for office work with visual display terminals（VDTs）は、ユーザビリティを規定または評価する場合に、考慮しなければならない情報をどのようにして認識するかを説明している。つまり、特定の利用状況において、

特定のユーザーによって、ある製品が、指定された目標を達成するために用いられる際の、有効さ、効率、ユーザーの満足度の度合い。

ISO 13407やISO 9241などで、ユーザビリティを下記の3項で定義している。

(1) Effectiveness（有効さ）

ユーザーが指定された目標を達成する上での正確さ、完成度を示す指標。

例：データの正確さ、文書の書き間違い、通信エラーへの対処割合、など[13]。

なお、Jakob Nielsenはその著書Usability Engineeringのなかで「有効さ」を以下のように説明している[12]。

1）学習しやすさ　システムは、ユーザーがそれをすぐ使い始められるよう、簡単に学習できるようにしなければならない。

2）記憶しやすさ　ユーザーがしばらく使わなくても、また使うときにすぐ使えるよう覚えやすくしなければならない。

3）エラー　エラーの発生率を低くし、エラーが起こっても回復できるようにし、かつ致命的なエラーは起こってはならない。

(2) Efficiency（効率）

ユーザーが目標を達成する際に、正確さと完全性に費やした資源の量を示す指標。

例：所用時間、材料消費量、経費、打鍵回数、文字数、精神的・肉体的努力量など。

(3) Satisfaction（満足度）
製品を使用する際の不快感のなさ、および肯定的な態度を示す指標
例：苦情回数、操作での問題点数、良否のコメント比、他への変更希望頻度など。

4.3.3 使いやすさの向上
(1) 矛盾を感じる
製品には不合理なことが多く含まれている。たとえば、駅の構内とか券売機には点字銘板が貼ってある。しかし視覚障害者はどうやってそれを見つけるのだろうか。しょうゆなどの包装小袋は、いまだにノッチがないものがあり、わざわざはさみを取りに行かなければならないこと、適当に破ると必ず漏れること。携帯電話を買ったら分厚いマニュアルを読まなければならない。エレベータに乗って扉が閉まるときに他人が駆け込んできて、「開」を押そうとして「閉」を押してしまうことなど。数えたらきりがない。

(2) これでよいのか
ユーザーはおとなしいのである。自分の能力がたりない、センスがない、覚えられないなどと自分を責めて黙っている。ユーザーはただ物を買ってきてメーカーの指図どおりただ使う（そのために努力する）だけなのだろうか。ユーザーはもっとユーザビリティについて積極的な意見をもつべきではないだろうか。

(3) 努力
今は企業のほうがユーザビリティに関して大変努力している。ある家電製品企業では、最近では身体と知にフィットすることはもちろんだが、心にフィットすることに重点を置いて製品作りに心がけている、ユーザーの満足度をアップさせるような魅力ある製品作りの方策を模索している。

(4) 製品の使用性についての意識調査の結果
「平成12年度通商産業政策モニターアンケート調査」から、商品購入時、以下のどの点（複数でよい）に最も注意を払いますかという問に対し、回答は**図**

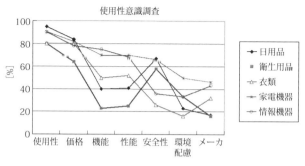

図 4.6 使用性の意識調査結果

4.6のようであった(抜粋)。利用者はとくに使用性(usability)を望んでいることが読み取れる。

平成18年のさる家電メーカーによる家電製品(炊飯器、トースター、電気ポット、加湿器)の使用意識調査(233名)では、品質、安全性、操作性、手入れしやすさの順位が高く、メーカー名や形色にこだわっていなかった。

(5) 使いにくい製品はどうしているか

2000年11月、全体で5,000人弱へのアンケートがある。「使いにくい」製品はメーカにあまり文句を言わず、我慢して使っている人が多い。

1) 使いにくいが我慢して使っている　携帯電話、折りたたみ傘、カーナビ、パソコン、FAX、とくに家電掃除機ではコードが邪魔、重い、ノズルなどが使いにくい、音がうるさい、コードが最後まで1回で収まらない、コードが本体にからむ、コンセントが適当なところにない、持ち回るのが重い、階段が掃除しにくい、収納のときコンパクトにならない、自由に動かない、ノズルをいちいち付け替えるのがめんどう、交換パックの種類が多くて困る(何とかしてほしい)、これらは男女とも同じ傾向にあった。

2) 対策はどうしているか　次から買わない、機能を限定して使う、中古市場へ出す。

3) 逆に使いやすいものは　小さめで軽い、昔にくらべコンパクトだ、ボタン1つでたため、コードレス、パワーの段階別調節が手元でできる、など。

概して、利用者、生活者は不満があっても受け入れて、自分で我慢しているのではないだろうか。それでは製品は良くならない。

> **コラム　ユニバーサルデザインは使い勝手がよいか**
> ユニバーサルデザインの7原則の中に、簡単で直感的にわかる使用方法となっていること、必要な情報がすぐ理解できること、無理な姿勢や強い力なしで楽に使用できることなどが述べられています。このような使いやすさを示す条件を満たしていればユニバーサルデザインの商品ということができます。

4.4　ユーザビリティの評価

4.4.1　ユーザビリティ評価法のあらまし

Jakob Nielsen はユーザビリティ評価手法を定性的評価手法と定量的評価手法に分けている。

定性的評価手法　ヒューリスティック（試行錯誤の）評価法とか、ユーザテストを行う。

ヒューリスティック評価とは　経験則という意味で、エンジニアやデザイナ自身が経験的に製品の使用性を評価する。評価項目は文献[14]にある。

定量的評価手法　複数のプロトタイプを作成して、再設計した製品の使用性を測定する。多くの被験者が必要であり費用がかかる。コンピュータ画面のユーザビリティでは、インターネットを使ってアンケート調査法が採られる。その評価因子は、操作のわかりやすさ、見やすさ、内容の信頼性などである。

4.4.2　ユーザテストの人数

被験者が課題を実行する過程を観察し、行動、発話から問題点を発見する評価法である。n人のユーザーをテストしてわかるユーザビリティ問題の数は、つぎの式で求められることを提案している[15]。

$$N(1-(1-L)^n) \qquad \cdots(4.1)$$

ここで、Nはデザイン上のユーザビリティ問題の数であり、Lは1人のユーザーをテストして発見できるユーザビリティ問題が全体に占める割合を示している。数多くのプロジェクトに当てはめた結果、典型的なLの値は平均して31％であることがわかった。L=31％として曲線を描いてみると、**図4.7**のようになる。

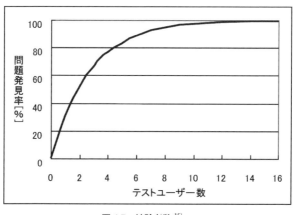

図4.7　被験者数 [15)]

　ユーザーテストでは、まず5人の被験者で問題の85％を発見できるとしている。いわゆる、何10人も一度にテストするよりも、5人程度の少人数でデザインをやり直しつつユーザーテストを繰り返したほうが効果がある。そして、少なくとも15人の被験者をテストする必要があることがわかる。
　異なった複数のユーザーグループをテストする場合には、
　　　　　グループが2つのとき　　各カテゴリから3〜4人
　　　　　グループが3以上のとき　各カテゴリから3人づつ

> **コラム　マァフィーの法則から**
> (1) 起きてほしくないことほどよく起こる。
> (2) 2つの出来事が予想される場合は、望ましくないほうが起こる。
> (3) 絶好のチャンスは最悪のタイミングでやってくる。
> (4) ちゃんとやる時間がなくても、やり直す時間はいつもある。

4.4.3　ユーザビリティはどう測定されるか

もっとも基本的な基準として、つぎの方法がある。

(1) **有効さ**　何割の人がタスクをやり遂げるか（達成率、エラー率）
書き違い、通信エラー、データの間違いなどをカウントする。
(2) **効率**　タスク達成にかかった時間、経費、打鍵回数など
(3) **満足度**　苦情の回数、操作時の問題点の数など

［例題1］　イギリスの地下鉄の券売機は、「発券ボタンを押してから硬貨を投入する」と言われる。日本の多くの券売機は「硬貨を投入してから発券ボタンを押す」とされている。ユーザビリティ（精神面も）を議論しなさい。

［例題2］　使いにくいものの代表格は、携帯電話、掃除機、パソコンである。その対処法は以下のどれが多いだろうか。

（がまんして気にならなくなった。メーカーに文句を言う。買い換える）

表 4.1　ユーザビリティ測定項目 [16]

使用性	項　　目
有効さ	作業を完了した割合 成功作業と失敗作業との比率 失敗した作業の繰り返し回数、中断回数、など
効率	作業の完了時間 エラーに費やした時間 エラーの数（割合）、迷った数（割合） マニュアルやヘルプの使用頻度、その時間、など
満足	使用者の好き、きらいのコメントの割合 使用中に問題と感じる数 満足の回数、不満の回数、など

第4章　人間工学の活用

> **コラム　片手礼賛**
>
> なぜ、片手で開けられるノートパソコンはないのだろうか？　片手で開けようとすると本体が斜めにずれる、結局両手で直すことになる。蓋ツメの部分にちょっとばねとロック部を組み込めばよいと思う。それによって、気持ちよさと開けやすさが格段に改善されると思われるが、どこもやってくれない。
>
> なぜ、包装にも片手で開けられるものがないのだろうか？　スナック菓子などは、仕事をしながら片手で食べるもの。便利になると思いませんか。

4.4.4　ユーザテスティング

　これを行うことによって、ユーザーが目的を達成するために使う製品（道具）の問題点が明らかになる。しかも、設計・開発者の製品へのイメージや態度が変わるという[15]。つまり設計者は、単に製品をどう直せばよいのかということから、ユーザーの目的遂行のために今後どういうコンセプトで製品開発を進めるかについて考えさせられる。以下に計画の概要を述べる。

計画
(1) プロジェクトチームを決める
(2) テスト実施範囲を明確にする　この製品はどういうユーザーの、どういう活動を支援するものか。何を評価するか（解像度、使い方習熟度、ユーザー層の反応度、使用手順、機能の多様性と有用性、使いやすいか、…）
(3) ユーザーの活動状況を調査　どういう状況下でどういう目的を達成しようとするのか（使用する動機、周囲・時間的制約、目的達成の種類・手段、ユーザーの活動状況・雰囲気、年齢層、経験、…）
(4) テスト実施者はユーザーの立場に立って使用してみる
(5) 対象ユーザー層と参加人数を決める　目的の種類（仕事、趣味）、カテゴリー（経験、頻度、年齢、性別、健康、…）などを、わかりやすい層に分ける。各層には3～5人程度
(6) 予備テスト、本テスト、分析・報告書

調査の手法[15]　以下から複数のテスト手法を組み合わせる。
(1) プロトコル分析法　被験者が製品を使用する様子をビデオに収録し、言

動を分析する

発話思考法（Think aloud method）　使用中に頭に浮かんだことすべてを発話してもらう。これによって、ユーザーが混乱した状況がわかる
(2)　ログデータ分析法　キータッチなどの自動収録器（ソフトでもよい）を作成し、選択の間違い、キータッチ時刻、タスク遂行時間などを記録する
(3)　アンケート調査　使用の頻度、問題点、要望を記入してもらう

　　日記方式　長期にわたる調査では、日記方式の用紙に記入してもらう
(4)　インタビュー法　あらかじめ質問構造を決め、グループインタビューなどを行う
(5)　イメージ調査法　新たなサービスが従来と違ってどのように位置づけられているかを調査する。たとえば、ネットショップがスーパーと比べ、どういう位置づけで、期待と不安があるか、などをSD法[7]で行う

4.5　操作性を向上する凸記号

4.5.1　凸点と凸バー

　近年家電製品は電子化と多機能化が進み、便利になったが操作性が複雑になったという不満の声を聞く。製品は年齢や障害の有無にかかわらず、だれにもわかりやすく、使いやすいものでなければならない。このため、家電製品協会は操作性に関する設計指針[16)17)]に続き、平成10年9月に「家電製品における操作性向上のための凸記号表示に関するガイドライン（第1版）」を定め、触覚情報を取り入れて操作性を向上させる指針をまとめた。その基本的事項は
(1)　凸点は、製品の基本機能をスタートさせる操作部分に設ける、多数のボタンが並ぶときには、中央のボタンに設ける。
(2)　凸バーは、製品の基本機能を終了させる部分に表示する。

　という2項目に統一した（JIS S 0011）。家電製品に凸点や凸バーを付けることにだれもが賛成し、視覚障害者はきわめて大きな期待を寄せた。

第4章　人間工学の活用　　*67*

4.5.2 凸記号のモニター調査

JIS制定に先立ち、平成11年7月、家電製品協会に「凸記号モニター調査評価委員会」を設置して、

1）凸記号（凸点および凸バー）の推奨範囲
2）それらの許容寸法（ミニマム値）
3）材質により凸記号認知性に差異があるか

などについてデータを収集した。

(1) 被験者 高齢者87名（65〜74歳の前期高齢者が53名、75歳以上の後期高齢者が34名）、視覚障害者87名、若・壮年者50名（合計224名）などに対し、78種類の凸記号サンプルを提示し、「それぞれの凸記号のわかりやすさ、わかりにくさ、指への不快感の有無」などを評価してもらった[16]。これらにより、凸記号の許容寸法、推奨範囲、材質効果などを明らかにすることができた。

(2) アンケート調査の要約 上記の構成員でアンケート調査に参加した人数は、全体比率において視覚障害者40％（うち全盲者28％、弱視者12％）、高齢者40％、若・壮年者20％であり、全体の半数が65歳以上の高齢者であった。

1）視覚障害者は、家電製品のボタンが多すぎ、形が平らでどれも同じであるので、ボタンの押し間違いが多い。特にエアコンのモード選択や温度設定ができない。凸記号を統一して、できるだけ色々なボタンに付け、紛らわしくないよう配慮してほしい、という要望が強い。

2）高齢者は使用頻度が少ないし、ボタン判別にそれほど苦労していないため、凸記号への期待感はあまり高くない。凸記号を設けるなら、電源ボタンと主要機能のスタートボタンがよいとしている。

3）若・壮年者は、ボタンが多いと思うが、見ないで手探りで操作することが多く、押し間違いが多い。主要機能のスタートボタンに凸記号を付けると利便性が増す、などの結果を得た。

4）ボタンの押し間違いの経験は、視覚障害者の30％と、若・壮年者の20％

がよくあるとし、加えて、視覚障害者50%以上、高齢者36%、若・壮年者50%がときどきあるとしていることである。

視覚障害者、高齢者とも既存の凸記号が役立っているが（80%）、メーカーによって統一されていない（70%）、凸記号がわかりにくい（50%以上）と感じている。そして、全体の96.8%が凸記号を設けるのがよいと回答した。

(3) **凸記号の調査試料** 材質はゴム、ABS、ポリエステルである。凸点は半円型と半円の上部をカットしたなべ底型とする。寸法（立ち上がり径mm×高さmm）は下記、ゴムは18段階、ABSは22段階、ポリエステルは8段階である。凸バーは材質ごとに（幅mm×高さmm）を太い凸バー（1.5×0.5）と細い凸バー（1.2×0.3）の2種類とし、長さmmは5.0〜7.0の範囲である。

凸点、凸バーの形状と寸法範囲は、
1）凸点 直径0.4〜2.0mm、高さ0.2〜0.7mm
2）凸バー 幅は1.5〜2.0mm、長さxは5.0〜7.0mm、高さ0.3〜0.8mm
ただし、**図4.8**はJIS化された寸法である。

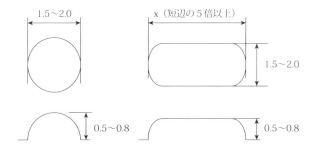

図4.8　凸点と凸バー（寸法はJIS S 0011による）

(4) **提示の方法** 材質別に1枚の板上に4〜5サンプルをランダムに配置し、それらをランダムな順序で提示する。調査中に室温（22℃〜25℃）、疲労がないか、緊張がないかについて配慮している。

4.5.3 調査結果

(1) **凸点のミニマム値**　図4.9はゴム製凸点に対する被験者全体の評価を集計したものである。ゴム、ABSとも径1.0×高さ0.3から識別が始まり、図の下部の範囲で「ちょうどよい」の割合が急増する。被験者グループのいずれにも共通しているため、このあたりが凸点認識の閾値であると思われる。

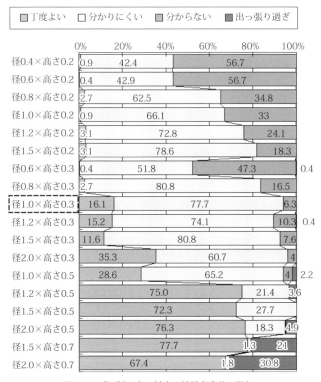

図4.9　ゴム製凸点に対する被験者全体の評価

(2) **材質による認識性**　硬いABSと柔らかいゴムの凸点は、材質の差異が識別性に顕著に影響する。小さい凸点の（径が小さく高さが低い）ゴムは認識されない。径が小さくても高さが高いとABSでは「出っ張りすぎ」と評価され、反対にゴムでは「ちょうどよい」と評価される。

また、径1.5×高さ0.7以上になると材質にかかわらず「出っ張りすぎ」の割合が増えてくる。各材質を勘案して径1.5×高さ0.5くらいがいいようである。

(3) **若年と老人では**　「出っ張りすぎ」の評価が違う。**図4.10**は「出っ張りすぎ」の評価が高い径2.0×高さ0.7のポリエステル凸点の年代別評価である。年代が低くなると「出っ張りすぎ」の割合が多くなり、特に20代、10代は顕著である。高齢者と比較すると評価が逆転する結果となっている。

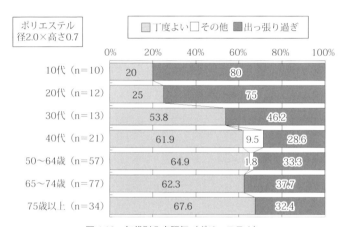

図4.10　年代別凸点評価（ポリエステル）

(4) **視覚障害者、高齢者は**　出っ張りのはっきりした凸記号を求めている。視覚障害者はよりはっきりした凸点を求める傾向が強い。高齢者は指先感覚が低下しているため、はっきりした凸点でなければ認識できない。

(5) **凸バー**　太いバー：幅1.5mm×高さ0.5mmで、長さが5～6mmがもっとも認識性がよく、長さが7mmになると評価が下がる。

図4.10と図4.5の相関はあまりないとされている。というのは、2点間弁別閾値は20代～60代で大差がないが、凸点認識では10代、20代が突出して鋭敏である。指先の1点触覚閾値そのものが影響していると思われる。

本節をまとめるに当たり、実験データをいただいた家電製品協会技術部、武

智マーケティングオフィスに感謝します。

4.6　今後のものづくり

4.6.1　片手で可能か、アフォーダンスはあるか

われわれに身近な生活製品や情報機器はバラエティに富み進化した。しかし、使い勝手から見るとまだ不完全である。それらに不満があっても、ひたすら使用（消費）している。

(1) **片手で可能か**　これはものづくりの命題である。包装は片手では開けられない。めがねケースも、ボールペンのキャップも、ノートパソコンの蓋も。USBメモリキャップも同様であったが、**図4.11**で設計者はやっと片手扱いに気づいてくれた。このUSBメモリは"片手でキャップをはずせるよ"と言っており、実際に保護キャップを片手で回転して脱がす。ほかの製品も、もっと真剣に「片手扱い」を考えていくべきではないだろうか。

図4.11　片手でキャップをはずすUSBメモリ

(2) **アフォーダンスはあるか**　もう一つの命題である。Affordanceとは、1960年代にJ. J. Gibsonが唱えた概念で、物体のもつ属性（形、材質、色など）がどんな特長をもっているか、それ自身をどう扱ってもらいたいか、とい

うメッセージを使用者に向かって発しているというもの。つまり、アフリカ原野の大木は、枝の上は豹に対して休息できますよという利用環境を提供し、木陰はインパラに対して暑いから入りなさいと言っている。公園のベンチは、通る人に対して座ってくださいと呼びかけている。

　ユニバーサルデザインには、アフォーダンスが必要である。どんな人に対しても機能や使い方を発信してくれるもの、図4.12はその例であろう。左はトイレ、右は超軽量びん（東洋ガラス㈱）である。中間のくびれは、どうぞ持って下さいと言っている。

図 4.12　みんなにアフォーダンスがあるもの

　"私を買ってください、あなたをお待ちしていました"という製品はあるのだろうか。ものはあふれているが、いざ買おうとすると何日も迷ってしまう。機能は豊富でもアフォーダンスはない。包装物は、"ここを開けてください"と表示がないとなかなか開かない、表示があっても開かない。

　アフォーダンスは使い勝手とは違う。当然、使い勝手がよいものほどアフォーダンスが強いのかもしれないが。人にどう扱ってもらいたいかを無言でメッセージするのは、よい設計といえる。

　上記の二つの例は、命題解決への向かい風になるでしょうか。

> **コラム　ちょっと考えてみよう**
> ⑴　目が見えない人が趣味・遊びなどでもっともやってみたいものは、スポーツが群を抜いて多い。続いてパソコン、音楽活動、旅行となっている。
> 　そこで、どういうスポーツを考えればこの楽しい要求に応えられるだろうか。
> 　目の見えない人は、一般に壁の反射音、自動車の音、店の話し声などが役立っている。聞こえる音や音声を頼りに状況を判断しているのだろうか、あるいは超音波とか、赤外線などを肌で感じているのだろうか。
> 　100 mトラックに簡易音声誘導装置を敷いて、思いきり健常者と競争する案はどうであろうか。ゲームを携帯電話のカメラで読み取り、進行状況を合成音声で伝達するしくみはどうであろうか。

参考文献
1）使いやすさの科学、現代のエスプリ348、至文堂（1996/7）
2）官能検査通則　JIS Z 9080、日本規格協会（1994）
3）人間科学計測ハンドブック、技報堂（1998）
4）鈴木浩明：快適さを測る、日本出版サービス（1999）
5）武市啓司郎：色の見えとその評価、日本繊維製品消費学会、29.3（1988）
6）加藤象二郎・他：初学者のための生体機能の測り方、日本出版サービス（1999）
7）ユニバーサルデザイン研究会、新ユニバーサルデザイン、日本工業出版（2005）
8）飯田健夫：生理的指標による適合性評価、ヒューマンインタフェース学会誌、Vol.6, No.1, pp.5-8（2004）
9）横溝克己・他：エンジニアのための人間工学、日本出版サービス（1998）
10）長町三生・他：現代の人間工学、朝倉書店（1999）
11）野呂影勇：図説エルゴノミクス、日本規格協会（1990）
12）田村　博：ヒューマンインタフェース、オーム社（2001）
13）吉田　真・他：ヒューマンマシンインタフェースのデザイン、共立出版（1997）
14）http://www.usability.gr.jp/whatis/evaluation_method.html
15）黒須正明・他：ユーザ工学入門、共立出版（2000.2）、
　　および http://usability.iid.co.jp/news2.html
16）家電製品協会、凸記号モニター調査報告書（2000．3月）
17）家電製品の操作性に関する設計指針、JIS C 9102（1996）
18）日本規格協会、高齢者・障害者配慮生活用品の標準化に関する調査研究成果報告書（平成11年3月）

第5章
公共機器から生活家電の
ユニバーサルデザイン

　生活家電、情報サービス、公共システム、社会インフラに至るまで、生活や社会に深くかかわる総合電機メーカーとしてのユニバーサルデザインへの取り組み。日立グループの事例を紹介する。
　尚、本章で掲載している製品情報は2012年2月時点のものである。

5.1　日立グループのユニバーサルデザインの基本姿勢と活動の柱

　日立グループは、家電製品から、情報サービス、公共システム、社会インフラにいたるまで「生活」と「社会」に深く関わり、幅広いお客さまに支えられた社会性の高い事業を担っている。そのため、ユニバーサルデザイン（以下UD）をモノづくりの概念にとどまらず、CSR活動の一環として位置づけ、お客さまに満足していただけるUD実現のため、「利用品質」「アクセシビリティ」「（製品の）ライフサイクル」を基本姿勢としている。

　利用品質とは、使いやすさや気持ちよさを感じさせる製品の品質のひとつである。アクセシビリティは、製品やサービスがどのくらい多くの人にとって利用可能かを示す指標であり、ライフサイクルは、製品購入前の情報提供から、販売・アフターサービス・廃棄にいたるすべてのステージでUDが配慮されていることを指す。

　具体的な活動は、「基礎研究」「情報発信・啓発活動」「製品化推進」の三つの柱で推進している（図5.1）。これにCSRとして大切な社会貢献活動を加えた取り組みについて次項より詳しく紹介する。

図 5.1　具体的活動の柱

5.2 基礎研究

前項で述べた基本的な考え方に基づき、基礎研究からデザインガイドラインの策定、具体的なモノづくりの開発サイクルをスパイラル方式で推進し、すべての局面で、ユーザーや有識者などの声を取り入れながら製品開発を進めている。具体的には、多様なユーザーの認知特性や行動特性に関する基礎研究を行い、その結果から製品に必要な要求項目をガイドライン化し、開発に反映させる。

基礎研究は、人間の研究と生活の分析に重点を置く。例えば、高齢者の認知特性研究（**写真5.1**）や障がい者の製品使用状況調査（**写真5.2**）など、さまざまな実際のユーザーの行動観察やヒアリングなどをベースに、科学的な分析も加えて推進する。このような研究は、社内では人間工学やインダストリアルデザイン、認知心理学といった多様な人材のコラボレーションで日常的に推進している。また、特定のテーマでは、社外有識者や大学、研究機関との共同研究も行っている。

写真 5.1　高齢者の認知特性研究

写真 5.2　障がい者の製品使用状況調査

　そして、このような研究を基盤に、その結果をガイドラインに反映させている。ガイドラインはフィロソフィーとしてのUDコンセプトブック、デザイン基本要素別ガイドライン、製品分野別のガイドラインとして体系化している（図5.2）。例えば、基本要素別ガイドラインには墨字表示、触覚表示、GUI画面表示などがあり、多様なユーザーに対して配慮すべきポイントや留意点と、その裏づけとなる理由や実験結果などを記載して、実際の製品開発に役立てている（図5.3）。

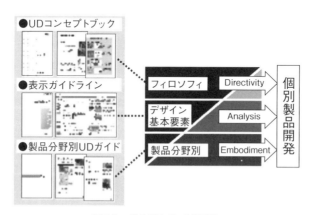

図 5.2　ガイドラインの体系化

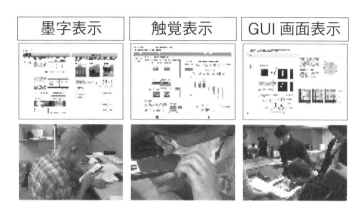

図 5.3　基本要素別ガイドライン

5.3　情報発信・啓発活動

　情報発信・啓発活動は、社内関係者への情報共有・啓発を目的に、人間中心設計データベースの公開や社内教育・研修の実施、また社外へはWebサイトによる情報発信などを行っている。ここでは社内向けの人間中心設計データベースと、社外向け「日立のユニバーサルデザイン」ポータルサイトを紹介する。

5.3.1　人間中心設計データベース

　日立製作所デザイン本部では「人間中心設計データベース」を蓄積し、日立グループ内に発信している。UDに関する数多くの情報の中には、生活動画データと呼んでいるコンテンツがある（**図5.4**）。この生活動画データの特徴は、商品に関する情報ではなく、行為の目的ごとにユーザーがどのように商品や道具を使用しているかを客観的に調査し、表現した点である。ユーザーは家庭生活の一部として衣食住の家事を行い、掃除機や洗濯機、電子レンジなどの家電製品を、「掃除」「洗濯」「調理」といった家事労働のある段階で使用してい

図 5.4　人間中心設計データベースと生活動画データ（右）

る。実際、複数の家事を並行して行い、家電製品を色々な工夫をしながら使っているのである。通常の開発では、製品の使用シーンしか想定しない場合が多く、こうした一連の家事行為やさまざまな制約のあるお客様がどのような工夫をし、どのように製品を使っているかを目の当たりにすることで、これまで見えてこなかった潜在的なニーズを吸い上げることができる。

5.3.2　「日立のユニバーサルデザイン」ポータルサイト

　日立製作所デザイン本部はお客さまへの情報発信として、「日立のユニバーサルデザイン」ポータルサイト（図5.5）を運営している。本サイトでは、UDの活動紹介や、UDに配慮した製品・サービスの事例、UDコラムなど、タイムリーな情報を公開している。中でも連載コラム「ヨッシー＆レイコのこれってどうなの！」（図5.6）は、日常見かける身近なものをテーマに、その実用性や問題点などを障がい者の視点でひもとき、トーク形式やクイズなどで楽しく紹介している。このコラムは、親子で楽しめるUD連載コラムとして評価され、NPO法人キッズデザイン協議会が主催する第3回キッズデザイン賞（2009年）を受賞している。

図5.5 「日立のユニバーサルデザイン」ポータルサイト
http://www.hitachi.co.jp/universaldesign/

第5章 公共機器から生活家電のユニバーサルデザイン

(写真1)丘の上まで段々畑

図5.6 連載コラム
「ヨッシー&レイコのこれってどうなの！」
http://www.hitachi.co.jp/universaldesign/rensai/yandr/index.html

5.4 社会貢献活動

　日立グループは、UDをモノづくりの概念にとどまらず、CSR活動の一環として位置づけている。その典型的な事例が従業員による社会貢献活動である。本項ではその例として、小学校への出前授業とろう社員による手話案内チームの活動を紹介する。

5.4.1 小学校への出前授業「おもいやりをカタチにしよう！～UD体感学習プロジェクト」

　日立グループでは、教育啓発活動の一環として従業員のボランティア活動支援を行っており、教育分野への支援としてUDをテーマとした小学校への出前授業を推進している。この授業は、日立グループが長年培ってきた知識や技術・ノウハウを社会へ還元するとともに、従業員がボランティア活動を通して社会貢献意識の高揚を図ることを目的に、2005年からスタートした。UDの概念を小学校の授業で紹介し、観察・体験やグループワークを通して、子どもたちと一緒に社会のさまざまな人たちのことを自ら考える機会を提供している。

　本プログラムは、日立のUD担当部署と従業員ボランティアが学校や地域の要望や事情に合わせて、柔軟に対応する手作り感を大切にした内容としている。主に小学生の中～高学年を対象者に、「誰もが利用しやすい生活空間や地域社会の姿を考える」「誰もが暮らしやすい環境にするために、自分たちができることを考える」などをねらいとして行っている。基本的な学習内容は、次の通り（**写真5.3**参照）。

(1) UDの基礎講義
(2) 子どもたちがUDを考えるグループワーク
(3) 学校近隣在住の障がい者、高齢者などゲストからのお話
(4) UDの事例紹介とUDに必要なことについて

　これらの内容を2コマ分の授業（約90分）で行っている。子どもたちが飽

写真 5.3　授業とグループワークの様子

きないように興味がわくカリキュラムを考え、子どもたち自らがUDを考える参加型授業になるように工夫を凝らしている。例えば、UDの基礎をクイズや体験ツールで実感し、グループワークでは、子どもたちがデザイナーになって障がい者にも使いやすい製品のアイデアを考える。高齢者や障がい者などのゲストとも触れ合う。授業終了後に子どもたちから感想文が届くと、それぞれ参加したボランティアがひとつひとつ手書きでメッセージを書くなど、アフターケアも大切にしている。

　この活動は社会的にも高く評価され、内閣府が主催する「平成22年度バリアフリー・ユニバーサルデザイン推進功労者表彰」の「内閣府特命担当大臣表彰優良賞」を受賞している。

5.4.2　ろう社員による手話案内チームの活動

　日立グループは、多くの展示会やイベントを主催・参加しているが、必要に応じて、聴覚障がいのあるお客さまへの手話による説明を、日立グループのろう社員が自主的に行っている（**写真5.4**）。このチームは「Team Swan」（日立を手話（Syuwa）で案内（annai）するチーム）と名づけられ、社員ゆえに製品や、関連情報に詳しく、手話でコミュニケーションがとれるので、お客さまからは大変好評である。主な協力イベントは、映像・情報・通信や福祉機器の展示会などがある。

写真 5.4　手話案内活動の様子

　この手話案内サービスの存在は、社会的に有意義な活動として業界からも認識されつつあり、日立グループだけではなく一部他社にも波及し始めている。

5.5　製品化推進活動

　本項では、日立グループの製品分野ごとのUDコンセプトと、それぞれの考え方に基づいて開発した事例を紹介する。

5.5.1　生活家電・デジタル家電のUDコンセプト

　生活家電・デジタル家電は、店頭やさまざまなメディアで目に触れやすく、ユーザーにとって最も身近な存在である。お客さまが製品に興味を抱いたときからユーザーである、という観点に立って、使いやすさや役に立つ機能、環境との調和、安全性、メンテナンスなど、購入前から廃棄までの全シーンをUDの視点からとらえることが大切である。同時に、ユーザー一人ひとりの心身機能、生活スタイルにフィットし、いつまでも愛着をもって使用していただける製品を提供することをめざしている。

●製品事例
(1)　ドラム式洗濯乾燥機　　　P.87〜P.88掲載

(2) 冷蔵庫　　　　　　　　　P.88～P.91掲載
(3) 薄型テレビ　　　　　　　P.91～P.93掲載

5.5.2　Web・情報システムのUDコンセプト

　Web・情報システムは、全ての人にとって、さまざまな情報の入手や、コミュニケーションを図るうえで欠かすことができない。健常者は勿論だが、特に高齢者や障がい者などにとって、スムーズな情報入手や発信は、ことのほか大切である。それゆえに、Web・情報システムには身体的な制約があって、情報アクセスがしにくいユーザーに対するアクセスのしやすさ、分かりやすさ、確実なセキュリティの確保は必須である。

●製品事例
(4) ジェスチャユーザインタフェース　　　　P.93～P.95掲載
(5) カラーアジャスタブルWeb画面開発用ツール　P.95～P.96掲載
(6) アクセシビリティ・サポーター「ZoomSight」　P.96～P.97掲載

5.5.3　公共機器・システムのUDコンセプト

　公共機器・システムは、施設や駅、鉄道、病院などの公共空間で不特定多数の人が個別に、または同時に利用する。エンドユーザーとしては、子どもまで含める幅広い利用者への配慮が必要である。また、病院の医師・技師のような専門技術者も、利用者として捉えることができる。加えて、公共空間での機器・システム利用シーンを考えると、利用者のセキュリティやプライバシーの保護、安全対策など、使い勝手以外の要素への配慮が、さらに重要である。

●製品事例
(7) 医療機器　　　　　　　　　　　P.97～P.101載
(8) 標準型エレベーター　　　　　　P.101～P.103掲載
(9) 西武鉄道株式会社30000系車両　P.103～P.105掲載

製品事例(1)　ドラム式洗濯乾燥機

　「ビッグドラム スリム」BD-S7400（写真5.5）は、直径53cmの洗濯槽を本体幅60cmに収めたドラム式洗濯乾燥機である。デザインは、出し入れのしやすさを追及した高位置の衣類投入口や、洗剤が注ぎやすく掃除しやすい上開き式の洗剤投入口等、徹底したユーザー観察から発想したレイアウトが特徴である。機能面では、洗濯槽の裏側の汚れを洗濯のたびに自動で洗い流し、汚れの付着を抑える「自動おそうじ」機能（図5.7）を搭載。その他、高速風の力でシワを伸ばしてふんわり仕上げる「風アイロン」、水温や水硬度、布質や量をセンシングして省エネ、節水を行う機能等、使い勝手の良さと高い基本性能で、より長く使える工夫を施している。

写真 5.5　BD-S7400

図 5.7　洗濯槽自動おそうじ

製品開発では、毎日使う家電製品に相応しく、ストレスのない使い勝手の実現をめざした。特にUDにおいては、開発初期に行った現行製品の使用状況観察をはじめ、弱視者・全盲者・車いす使用者等による模型を用いた使い勝手調査を繰り返し行い、徹底してユーザー視点での開発を行った。

●主なUDの特徴
(1)　背の高い人、背の低い人、車いすの人でも衣類の出し入れが容易なドラムの高さ
(2)　上からサッと入れられ、清掃性も向上した洗剤投入口（**写真5.6**）
(3)　片手でラクに開けられるドアハンドル（**写真5.7**）
(4)　見やすく、使いやすい大型ホワイト液晶採用の操作パネル（**写真5.8**）
(5)　運転状態や、操作方法・エラーメッセージ等を音声で案内する「おしえてボタン」
(6)　操作方法や手順、メンテナンスの仕方などを映像で紹介するDVD付

写真 5.6　洗剤投入口

写真 5.7　ドアハンドル

写真 5.8　大型ホワイト液晶採用の操作パネル

製品事例(2)　冷蔵庫
　冷凍冷蔵庫R-B6700（**写真5.9**）の特徴は以下の３つである。
　１．酸化を抑える真空チルドがさらに進化「インテリジェント真空保存」真空チルド
　２．「フロストリサイクル冷却」などの独自技術でもっと省エネ（＊１）

写真 5.9　R-B6700

3．ゆとりの670L、大容量No.1（＊2）

（＊1）当社1年前の商品R-A6200と新商品R-B6700の年間消費電力量（JIS C 9801-2006年）の比較。R-A6200:280kwh/年、R-B6700:260kwh/年。数々の省エネ技術による総合効果。

（＊2）国内の家庭用ノンフロン冷凍冷蔵庫において、R-B6700の定格容量670L。2011年12月20日現在。

デザインは、飽きのこないシンプルなフォルムに、傷つきにくく汚れも拭きとりやすい、美しい強化処理ガラスを用いたクリスタルドアを採用した（**写真5.10**）。加えて、さまざまなユーザーのさらなる使いやすさ実現のために、UDに配慮している。

●主なUDの特徴

(1) たくさん入れて重たくなっても、ラクラク開く冷凍室下段、野菜室の電動引き出し（**写真5.11**）

(2) 「4段階高さかわるん棚」（**写真5.12**）、「ひっくりかえるん棚」（写真5.13）等、すみずみまで使えて出し入れしやすい冷蔵室

写真 5.10　強化処理ガラスを用いたクリスタルドア

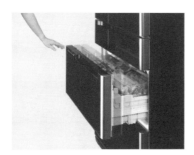 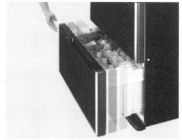

写真 5.11　電動引き出し（左：冷凍室上段、右：野菜室）

写真 5.12
4段階高さかわるん棚

写真 5.13　ひっくりかえるん棚

(3) ユーザーに快適に使ってもらえるよう、操作方法や手順、メンテナンスの仕方などを映像で紹介するDVD付（写真5.14）

写真 5.14　DVD

製品事例(3)　薄型テレビ
　テレビは、情報源としても幅広いユーザー層に利用されるため、健常者のみならず、高齢者や視覚障がい者、色の識別が難しい人などが利用することへの配慮が必要である。日立は録画機能付テレビの先駆けとして、同機能を含めた使い勝手に重点を置いて取り組んでいる。UDの特徴は、「見やすいこと」「操作しやすいこと」であり、近年多機能化したテレビを「誰もが快適に、いかに簡単に使いこなせるか」にポイントを置いている。
　以下に、薄型テレビ「Wooo」の画面デザイン（写真5.15）とリモコン（写真5.16）のUDのポイントを紹介する。
　●画面デザインのUDの特徴
　(1)　見やすい色に変更できる（写真5.17）
　(2)　文字のサイズを変えて読み易くできる（写真5.18）
　(3)　丸印のマークで録画予約された番組がわかりやすい（写真5.19）
　(4)　画面に機能や使い方がすぐにわかる「ひとことガイド」を表示（写真5.20）

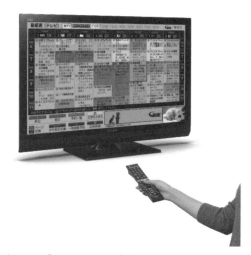

写真 5.15 「Wooo」の画面デザイン（電子番組表画面）　　写真 5.16 リモコン

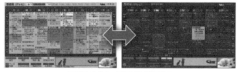

写真 5.17 画面の色変更

写真 5.18 文字サイズの変更

写真 5.19 丸印のマークの録画予約

写真 5.20 「ひとことガイド」

●リモコンのUDの特徴
(1) 滑り落ちにくい、くさび型の形状（**写真5.21**）
(2) 持った状態でボタンが見やすい円弧状に湾曲した前面（**写真5.22**）
(3) 置いたままボタンを押しても傾かない形状（**写真5.23**）

写真 5.21　くさび型の形状

写真 5.22　円弧状の湾曲前面

写真 5.23　傾かない形状
（右は当社従来モデル）

写真 5.24　落下防止用ストラップ

(4) 手の不自由なユーザーでも使いやすい 落下防止用ストラップ（**写真 5.24**）

製品事例(4)　公共ディスプレイ向けジェスチャユーザインタフェース

「公共向けジェスチャユーザインタフェース」は、道案内やビルのフロアガイドなどの公共の場で利用される大型ディスプレイを、手振りのジェスチャーで操作することができる情報端末である（**写真5.25**）。

画面に触れることなくインタラクティブに操作ができることに加え、ディスプレイ面を水平に近づけることにより、車いす使用者や背の低い人、あるいは荷物を持ったり子どもの手を引いたりして動作が自由にならない場合でも、画面の大きさを意識することなく、気軽に手元での操作が可能になる。さらに、不特定多数の人が利用する公共ディスプレイにおいては、非接触で操作することによる衛生面でのメリットもある。

本案件は、「ドイツ・ユニバーサルデザイン賞2011」（＊1）において、「ユニバーサルデザイン賞2011（universal design award 2011）」を受賞。また、消費者100名が選定する「コンシューマーフェイバリット賞2011（universal

写真 5.25　公共向けジェスチャユーザインタフェース

design consumer favorite 2011)」も合わせて受賞した。
（＊1）ドイツ・ハノーバー市を本拠地とするユニバーサルデザイン協会とユニバーサルデザイン有限会社が主催するデザイン顕彰制度

●主なUDの特徴
(1)　画面に触れることがないため衛生的で、背の高い方でも低い方でも、さらに車いす使用者も同じように操作することができる（**写真5.26**）
(2)　道案内では、手を振るだけで地図画面を直感的に操作することができる（**写真5.27**）
(3)　画面に手を近づけたり遠ざけたりすることで、コンテンツを3次元的に

写真 5.26　車いす使用者　　　　　　写真 5.27　手を振る操作

操作することができる(**写真5.28**)
(4) その他にもさまざまな用途(写真は医療機関の例)への展開が期待できる(**写真5.29**)

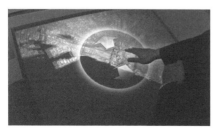 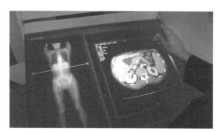

写真 5.28 手を近づける操作、遠ざける操作　　写真 5.29 さまざまな用途への展開

製品事例(5)　カラーアジャスタブルWeb画面開発用ツール

　赤と緑の区別など、色の識別が難しい特性を持つ人への配慮は、UDの視点として忘れてはならない。Web画面開発においても、このようなユーザーを含めて誰もが見やすい色を用いることは、正しく情報を伝える上で大変重要である。カラーアジャスタブルWeb画面開発用ツールは、この目的で開発した汎用ソフトウェア部品のひとつである。

　このツールを用いて作られた画面は、文字や背景、枠線などの各要素の色をエンドユーザーがカスタマイズすることができる(**写真5.30**)。その際、選択した色を中心とした25色が、色の識別が難しい特性を持つ人が見やすいかどうかという情報と一緒に示されるため、管理者がエンドユーザー各々の画面を一括してカスタマイズする場合でも問題が起こりにくい。Web画面の開発者は、このツールを用いて画面を開発する際に、デフォルトの配色を適切にしておくこともできる。

　本ツールの操作手順を**図5.8**に示す。以下のURLで、ツールを適用した例として、カラーアジャスタブルアプリケーションを試すことが可能。

　http://www.hitachi.co.jp/universaldesign/ria/silverlight/RIA_jp_UIA/HITACHI_Accessible_RIA_Prototype.html

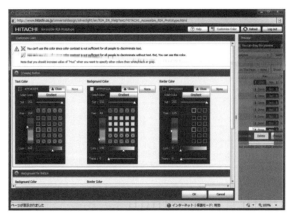

写真 5.30　カラーアジャスタブル Web 画面開発用ツールの画面の一部

＊なお、試行する場合は、Microsoft（マイクロソフト社）のSilverlight®が必要。Silverlightは、米国Microsoft Corporationの米国およびその他の国における登録商標。

製品事例(6)　アクセシビリティ・サポーター「ZoomSight」

　ZoomSight（ズームサイト）は、文字や画像のサイズ・色を変更することができるWebサイトを快適に閲覧するためのサーバーソフトウェアである。「みんなにやさしい」をコンセプトにボタン一つで操作でき、いろいろな機能を使って快適にWebサイトを閲覧することができる（図5.9）。

●主なUDの特徴
(1)　高齢者をはじめ、弱視者が見やすい大きさで、Webサイトを利用できる（図5.10）
(2)　色に依存した情報を読み取れない場合や、背景が明るいとまぶしく見づらい場合、長時間利用する場合など、画面カラーを調整できる（図5.11）
(3)　目に負担を与えることが少なくなるように、音声でも情報を取得することができる（図5.12）
(4)　子どもにはひらがなのるびで読みやすく、外国人にはローマ字のるびに

1. 画面右上の「色カスタマイズ」ボタンを押下。
「色をカスタマイズしたい部分を選んでください」という説明文が表示されるので、「OK」ボタンを押す。

2. 色をカスタマイズしたい部分を選択する。
どこをカスタマイズ可能にするかは、開発者が簡単に指定可能。

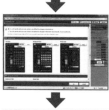
3. ボタンを選択した場合は、ボタンの文字・背景・枠線、ボタンが置かれている背景、それぞれが色の識別が難しい特性を持つ人でも見やすい色にカスタマイズ可能。

4. 「同じ背景部分に載っている同じ種類の部品は全て同じ色にしますか？」と聞かれる。
ボタンを全て同じ配色にしたければ「はい」と答える。

5. 前の画面で「いいえ」を選択したときのカスタマイズ結果画面。
（丸で囲った部分の色が変更されている）

図 5.8　操作手順

より、便利に使える（図5.13）

製品事例(7)　医療機器

　医療機器は、障がい者、高齢者、妊産婦、子ども、外国人など、全ての患者・被検者にとって安心感を与えるものでなくてはならない。一方で、実際に操作

図 5.9　ZoomSight のコントローラー

 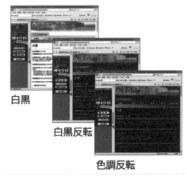

図 5.10　表示サイズの変更
文字も画像も、同時に表示サイズを変更できる。
表示サイズを変更しても、Web サイトのレイアウトはくずれない。
拡大縮小は、50% ～ 300% までお好みのサイズを選べる。

図 5.11　画像カラーの変更
文字も画像も、同時に画面カラーを変更できる。
画面色を白黒・白黒反転・色調反転することも可能。

する医師・技師にとっては、高い性能は勿論だが、少しでも負担の少ない操作性が求められている。つまり、被検者と医師・技師双方へのやさしさを配慮することが大切なのである。このようなプロが使う機器は、これまでUDという視点ではあまり見られなかったが、医療機器は医師・技師もユーザーであることから、さらに広い範囲を配慮したUDと捉えた開発を行っている。

図5.12 音声読み上げ
Webサイト上の情報を音声で読み上げる。
ページの指定した箇所から読み上げることができる。
読み上げの声の音量や読み速さは、それぞれ5段階に調整可能。

図5.13 ふりがな（るび）
Webサイト上の漢字やカタカナにふりがな（るび）をふることができる。

　超音波診断装置「HI VISION Preirus」（写真5.31）と、マルチスライスCTシステム「SCENARIA」（写真5.32）はこれらの成果が評価され、日刊工業新聞社が主催する機械工業デザイン賞の第40回（2010年度）の最優秀賞・経済産業大臣賞を、後者は第41回（2011年度）の日本力（にっぽんぶらんど）賞を

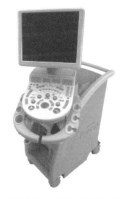
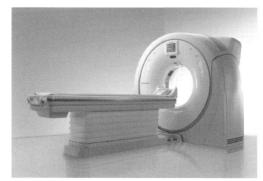

写真5.31 超音波診断装置「HI VISION Preirus」

写真5.32 マルチスライスCTシステム「SCENARIA」

受賞した。

●超音波診断装置「HI VISION Preirus」のUDの特徴
(1) 子どもや妊産婦をはじめ、被検者の不安や緊張を軽減させ安心感を与える、やさしく可愛らしいイメージの機器デザイン
(2) 液晶モニターがフレキシブルアームにより上下左右に可動でき、医師・技師は、被検者により近づける、負担の少ないポジショニングが可能（**写真5.33**）

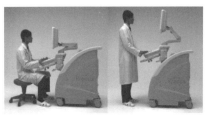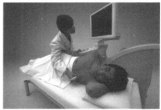

写真5.33　負担の少ない医師・技師のポジショニング

(3) 機能エリアをわかりやすくレイアウトした操作パネルと、画面を見ながら操作できるタッチ画面（**写真5.34**）

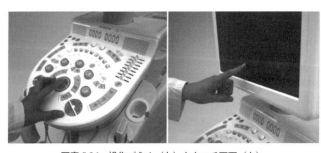

写真5.34　操作パネル（左）とタッチ画面（右）

●マルチスライスCTシステム「SCENARIA」のUDの特徴
(1) 750mmの大口径ボアにより、体格の大きな被検者や,腕上げ困難な被検者も楽な姿勢で検査が可能（**写真5.35**）
(2) 左右スライドが可能な幅の広いテーブルの採用により、被検者・操作者双方の身体的負担が軽減（**写真5.36**）
(3) 被検者の不安を取り除く、キャラクターやシャボン玉・手話アニメーションを用いた検査ガイダンス画面（**写真5.37**）

写真5.35
大口径ボア

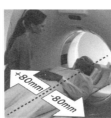
写真5.36
スライドするベッド

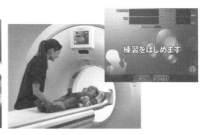
写真5.37
検査ガイダンス画面

製品事例(8)　標準型エレベーター

　エレベーターは、マンション、オフィス、店舗などさまざまな種類の建物に設置され、子ども、高齢者、車いす使用者、視覚障がい者、聴覚障がい者など、あらゆる利用者への移動手段を提供する製品であり、UDには高いレベルが求められる。
　標準型エレベーター「アーバンエース」（**写真5.38**）は使いやすさと美しさの両立をめざして、人間中心設計プロセスに基づき、数多くのフィールド調査やユーザビリティ調査、ユーザー検証を繰り返して開発した製品である。

●主なUDの特徴
(1) かご内の階床表示器に大型7.5インチ液晶インジケーターを標準装備、

写真 5.38　標準型エレベーター「アーバンエース」

エレベーターのさまざまな状況を知らせる。画面による情報提供により、非常時を含めて聴覚障がい者をはじめ多くの利用者に有効である（図5.14）

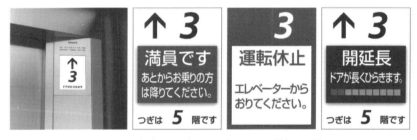

図 5.14　大型カラー液晶インジケーターと情報画面例

(2)　ハイコントラスト凸文字ボタンをはじめ、大きさに差をつけた開閉ボタンなど、見やすく触ってわかりやすいボタン形状を採用（**写真5.39**）

(3)　かご側面に横型の操作盤を標準装備。子どもから高齢者まで多くの利用者がスムーズに操作できるよう、操作ボタンの高さを床から約1000mm

 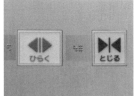 

写真 5.39　わかりやすいボタン形状

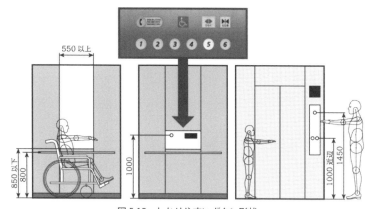

図 5.15　わかりやすいボタン形状

の高さに配置した（図5.15）。

製品事例(9)　西武鉄道株式会社 30000 系車両

　西武鉄道株式会社と日立が共同で開発した30000系車両は、「Smile Train〜人にやさしく、みんなの笑顔をつくりだす車両」をコンセプトに安全・安心でお客様に親しまれることをめざして開発した。

　通勤・通学の足として機能本意になりがちな通勤電車のデザインに、子どもや女性、高齢者や心身に障がいのある方などを含む、さまざまな利用層に対し、少しでも物理的・精神的にゆとりを持っていただけるように、また威圧感が無く、思わず微笑んでしまうような、やさしさと、親しみやすさや愛着を感じてもらえるようなデザインをめざした。

エクステリアは子どもや女性を含むさまざまな利用者に対し、威圧感を与えず、やさしさと愛着を感じてもらえるように、卵のようなやさしく柔らかな膨らみを持った"顔"のような表情のある先頭形状とした（**写真5.40**）。

　インテリアは「人にやさしく快適に過ごせるデザイン」をめざし、さまざまな利用者に対した安全性を配慮したUDを積極的に採用した（**写真5.41**）。各部位のUDの特徴は**図5.16**に示す。

写真 5.40　エクステリアデザイン

写真 5.41　インテリアデザイン

室内空間
- 外側にやや膨らんだワイドボディの採用や、ドーム状の天井により、乗車時の圧迫感を低減し、広々とした室内空間を実現

出入口周辺
- 子どもから大人まで利用しやすい上下に長い出入り口横の手すり
- 乗り降りの視認性に配慮した周囲とコントラストのある床の色
- 扉開閉時にチャイムと、上部ランプの点滅で、視覚障がい者、聴覚障がい者に配慮

車端部
- 開放感と防犯性向上に配慮した大型ガラス扉
- 大人の視線高と子どもの視線高に表示したガラス衝突防止の標記。卵型標記の中には、車両によって一部違う絵柄もあり、それを偶然見つける楽しさも演出

運転席背面
- 子どもが運転手の目線で前方が見えるような、運転席後ろの大きな窓
- 大人、子どもどちらも掴めるように、横長の手すりを上下に配置

一般座席部
- 乗客同士の干渉を防ぎ、丸みをもたせた、座席横の大型仕切り板
- 握りやすくやさしい卵型形状の吊革
- 高齢者や女性を配慮した、従来車より低い荷物棚の高さ

優先席
- 一目でわかりやすい、優先席の吊革、握り棒、シートの色彩
- 座席背部分にハート型の柄を採用、楽しさと譲り合いの心を促す。

車いすスペース
- 車両走行時の安定性をサポートする、水平握り棒と車いす固定金具を設置。また、暖房用ヒーターも設置した。
- 非常通報ボタンは車いす利用者の届く高さに設置

図5.16 各部位のUDの特徴

コラム　風呂敷はユニバーサルデザイン
　日本の風呂敷は、かばん等がなかった頃から、書類をくるんだり清酒の一升瓶を包んだり。どんな形状のものでも、ささっと包んで縛って。まさにユニバーサルデザインだった。21世紀にそれが復活した。

コラム　UD ピープルには笑顔が似合う！
　人間の体重の約 40% が筋肉で、顔も多くが筋肉で構成されています。口の周りの筋肉だけでも笑筋、口輪筋、口角挙筋、口角下制筋など沢山の筋肉があります。
　筋肉は使わないと衰えることは誰もが知っていますが、とりわけ筋肉の数の多い顔はそれが表情の変化になって現れてきます。いつも顔の筋肉を使っている人は顔が引き締まり生き生きしています。無表情な人やいつも憮然としている人は顔の筋肉が運動不足です。
　いい笑顔の人は口角が上がっており、無表情の人は顔の筋肉がダランとしているのが見てとれますね。加齢による顔のたるみやしわは避けられませんが、驚きや喜びを司る筋肉は生涯しっかりと働いています。
　UD に取り組んでいると、オヤ！アレッ？といろんな'気づき'がありますね。そのとき心がときめき、目がかがやきませんか。ときめきやかがやきは顔の筋肉も刺激します。それを繰り返すほどに口角も上がっていい笑顔になっていきます。
　'気づき' がありました！ UD を一生懸命進めている人にはいい笑顔の人が多いのです！ その笑顔こそ、UD の活動が醸成した生理的な必然と言えるのではないでしょうか！

第6章
クルマのユニバーサルデザイン

　「製品を使う」という場面において、天候や環境、状況の変化の中でも適切に操作しなければ、人命にもかかわる大事故につながりかねないクルマ。安心、安全の実現のために、ユニバーサルデザインをどう活用しているか紹介する。

6.1 クルマにおけるユニバーサルデザイン

ロナルド・メイス氏が提唱したユニバーサルデザインの7原則はすでに第2章で紹介されたとおりであるが、この7原則をクルマのケースに当てはめてみると、どのようになるだろうか。以下は、クルマを取り巻く要素で表現した7原則である。

(1) シンプルで直感的にわかる操作や使用方法であること
(2) 広範囲な使用環境で使いやすいこと
(3) 操作が楽で簡単な運転操作系であること
(4) 見やすくわかりやすい表示類と周辺の状況がつかみやすいこと
(5) 使用安全性に対する十分な配慮がなされていること
(6) 身体に負担の少ない乗降の動作や姿勢であること
(7) 便利で扱いやすい内装部品であること

このような考えのもと、多くのクルマはデザインされており、その使用目的や車種の性格などが考慮されている。

6.2 ドライバー特性から見たユニバーサルデザイン

ドライバーは、「操作する」ことでクルマを運転するが、それは「見る」「聞く」「触る」といった五感によるところが大きい。この感覚的なところは、運転する人によってまちまちであるが、正しく操作されないと重大な事故へとつながってしまう。ここでは、ドライバーの特性や人間の感覚など、人間工学的なアプローチで考えられているクルマのユニバーサルデザインについて取り上げてみる。

6.2.1 クルマにおける「見る」ということ

標識、歩行者、他のクルマ、メーター類など、ドライバーが運転中に目から

得る情報はたくさんある。「見る」ということをデザインするには、"見やすさ（位置や大きさなど）" と "わかりやすさ（表示量や表し方など）" を工夫して、早く正確に理解し、判断できることがポイントになる。

(1) 高齢者にも見やすい表示

ヒトは年を取るとともに新聞の小さな文字や近くのものが見えにくくなる。これは自然な現象で、誰にでも起こりうることである。また、ピントが合うまでの時間も遅くなるだけでなく、色の見え方も変わってくる。高齢者が多くなる今後に向けて、開発者が疑似体験することで、お年寄りにも若い人にも見やすくて運転しやすいメーターやディスプレイをつくっている（図6.1）。

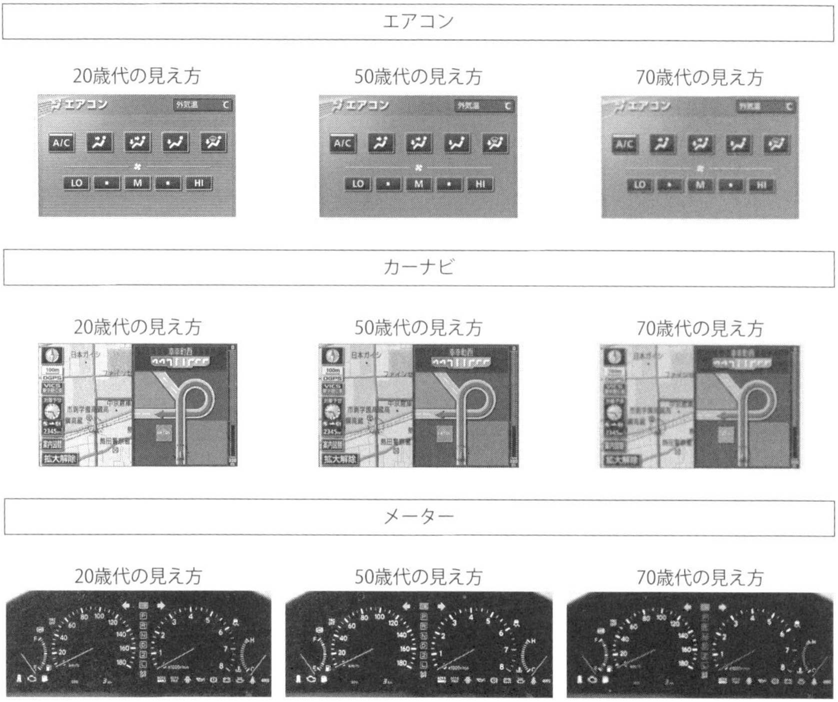

図6.1　年を取るとどう見えるかの例

第6章　クルマのユニバーサルデザイン

(2) **より見やすい文字とデザインされたメーターパネル**

　運転中でも瞬時に読み取れるように、メーターの数字は、大きさはもちろん配置や角度、背景や照明の色に配慮している。さらに、「5」と「6」や「3」と「8」など間違えやすい数字は、すき間を工夫することで、より視認性を高めている。また、ドライバーの意見を積極的に採り入れて、わかりやすいメーターパネルを開発している（図6.2）。

数字の大きさ、角度、配置、フォント（書体）の種類や太さなどを変えると見やすさが異なります。あなたはどのメーターが見やすいですか？（お客様の評価では、一番見やすいメーターは上段左、二番目に見やすいのは下段左から2番目、一番見にくいのは上段左から2番目との結果）

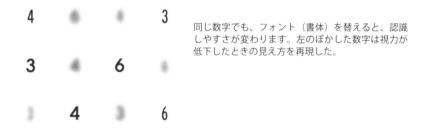

同じ数字でも、フォント（書体）を替えると、認識しやすさが変わります。左のぼかした数字は視力が低下したときの見え方を再現した。

図 6.2　メーターデザインと数字の事例（矢崎計器提供資料）

(3) タッチトレーサーディスプレイ

年を取ることで、近いところの視力が低下した人に対しても、表示部分をできるだけ遠くに配置をすることで、視認性を確保する工夫が施されている。このタッチトレーサーディスプレイは、ステアリング（ハンドル）内に設置されたスイッチ類を、手元を見なくても、メーター内の遠方の表示を見ながら操作できるようになっている。このことは、視点の移動や焦点距離の調整の負荷を減らし、よりスムーズで確実な視認を実現している（図6.3）。

図 6.3

(4) ドライバーへの安心の気配り技術

メーターパネルの中央上部に、携帯電話にも使われている液晶のディスプレイを設置。エンジンを始動すると、クルマに異常がないかをスキャンする様子が映し出される。また、走行中や停車中に緊急事態が発生すると、画面全体が赤に変化するとともに、警告メッセージを表示する。色と文字でドライバーにアピールし素早く認知ができるようにしている（図6.4）。

(5) 夜間走行をアシストするAFS－ヘッドランプコントロールシステム

走行中のステアリング（ハンドル）の角度と速度に応じて、曲がろうとする方向に自動的にヘッドランプの向きを変える画期的なシステムで、それが

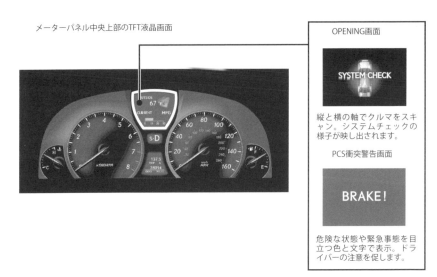

図6.4 情報用の液晶ディスプレイ

AFS（Adaptive Front Lighting System）である。今まで暗かった進行方向を見やすく照らし夜間も安心してスムーズにカーブを走り抜けることができる（図6.5）。

(6) **選択できる表示、色、文字サイズ**

カーナビゲーション（以下、カーナビと言う）は、運転をサポートする機能性だけでなく、運転をウキウキ楽しくさせてくれるディバイスとして進化している。特に、使う人の好みに合わせて、見やすく選べる楽しさを加えてきている。

携帯電話の画面の色合いを変更するように、操作画面のスイッチ、背景色を選ぶことができる。さらに、使う人の視力に応じて地図に表示される文字のサイズを、図6.6のように大・中・小から選択できるようにしている。

6.2.2 クルマにおける「聞く」ということ

人は左右の耳で音の大きさや高さ、方向や距離感を聞きわけている。しかし"誰でもわかりやすい音"をつくるには工夫が必要である。

AFSなし  AFSあり

AFSを採用したクルマと従来のクルマの
ヘッドランプ照射範囲の違い

AFSなし 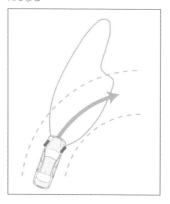 AFSあり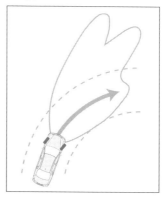

AFSは、曲がる方向をより明るくよりワイドに照射。
夜間のカーブ走行をより安全にします。

図6.5　AFS

「きれい」「緊張する」といった音の感じ方による心理的な作用も考えデザインしなければならない。また、高い音が聞き取りにくいお年寄りの方への気配りも必要である。

(1) ドライバーに注意をうながすために

　クルマは注意をうながしたり危険な状態に気づかせるために、緊張度に合わせて、さまざまな音で知らせてくれる。

　人の注意を引く音の条件は、大きいこと、高いこと、さらに音の断続周期が

| 各種案内図 | 複雑な交差点をリアルに表示することができます。

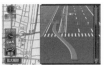

| イメージカラーの切り替え | パネルスイッチのイルミネーションカラーは、512色から選べます。

| 文字の大きさの切り替え | 地図の文字表示は、大・中・小の3つのサイズから選択できます。

文字表示：大　　　　　文字表示：中　　　　　文字表示：小

図 6.6　進化するカーナビの実例

短いほど緊張感を与えられるので、状況に合わせて「ピーッ」や「ピッピッ」という具合にリズムに変化を持たせている。ドライバーが見えない前方や後方の距離感を知らせてくれるクリアランスソナーなどは、音のピッチ（間隔）で緊張感を与え、これを利用して、障害物に近づくにつれ音のピッチを早めることで、距離感を知らせ接触を防ぐ。

(2) 安全な運転をサポートするカーナビの音声案内

運転に必要な情報は、ほとんどは目から入ってくる。運転中は周囲の安全確認やメーターのチェックなど、見ることに大忙しで、カーナビの音声案内がディスプレイを見る頻度や時間を減らし、心理的なゆとりを生み出す。

聞き取りやすい音声、わかりやすい表現、的確な音声タイミングなどを検証しながらカーナビは進化している（図6.7）。

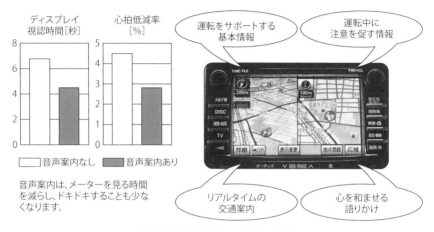

図6.7 運転をサポートするカーナビ

6.2.3 クルマにおける「操作する（触る）」ということ

「操作する」のユニバーサルデザインの基本は、"思い通り"に、"ラク"に動かせること。進めたい方向と操作の方向を合わせることで、混乱やストレスをなくすことができる。また、体に負担をかけないようラクに操作するには、使いやすい位置にあること、効率良く力を伝えられる大きさや形を選ぶことがポイントとなる。また、はっきりと「操作する」という実感を持たせることも重要である。

(1) ステアリング（ハンドル）の操作性と安全性

運転に不可欠なステアリング（ハンドル）の進化の過程は、そのまま操作性の向上の歴史でもある。大径から小径化し、扱いやすくなってきている。硬いプラスチックから柔らかいウレタンとして、手に馴染みやすくなっている。

また、正円から楕円として乗り降りしやすくなってきている。さらに、運転時に使用頻度が高いスイッチの組み込みやエアバッグの搭載など、安全性も高

図6.8

めている(図6.8)。

(2) 未来のコントローラー

自分の思いのままに走る楽しさや感動を誰もが味わえるように、腕や指先の運動機能を研究し、実験を繰り返しながら開発されたのが、トヨタのi-unitドライブコントローラーである。ゲーム機などに採用されているジョイスティックに似た形状の中に、アクセル、ステアリング（ハンドル）、ブレーキの機能を装備し、人の自然な動きに合わせ、前に倒せば前に、左に回せば左に曲がる。手の力が弱い人でも、片手で楽々、自由にクルマをコントロールすることができる（図6.9）。

6.2.4 クルマにおける「快適さ（臭い）」ということ

「見る」「聞く」「操作する」と説明してきたが、最後は「快適さ」である。

これまでのユニバーサルデザインが今後どう進化していくのか、その方向性と合わせて考えてみる。

(1) 心地よい温もりで快適なサポート

長時間のドライブに配慮し、人間工学の見地からシートヒーターの配置と温

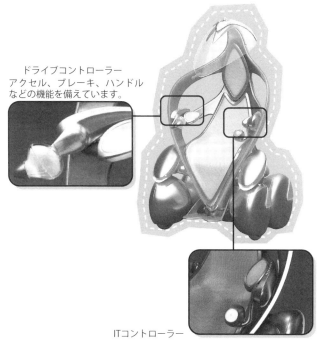

図 6.9　i-unit のコントローラー

度分布を見直したのが快適温熱シートである。長時間座っていると負担のかかりやすい肩の部分にもヒーターを配置し、従来は均一だった温度設定に対して、腰や下肢をより効果的に温めるために、部位に応じて設定温度を変更し、冬も夏も、いちだんと快適な座り心地を実現している（図6.10）。

(2)　人に優しいきれいな空気

臭いや花粉、菌、ウィルスなど、空気中には不快なものも含まれている。クルマの室内から、こうしたものをできる限り取り除き、人に優しいクリーンエアーを実現している。さまざまな浄化システムを開発して、より健康的で心地よい車内環境を保てるように研究に取り組んでいる（図6.11）。

シートヒーターの配置の違い
（シートヒーターOFF10分後のサーモグラフィーによる比較）

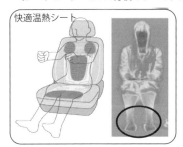
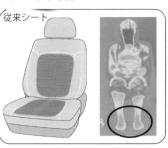

肩部分にヒーターを設置。温度設定も部位に応じて変更しています。
快適温熱シートは従来シートに比べ、下肢の温もりが続くことがわかっています。

図 6.10　快適温熱シート

コラム　ユニバーサルデザインと特許

　特許は、発明者が苦労して研究開発した成果に対し、一定の法的保護を与えることによって、発明を奨励し、産業の発展に寄与しようというのがその趣旨であるが、一定期間であっても、製造・販売などの独占権を与えるということは、とくにユニバーサルデザインの観点からは好ましくないように思える。

　花王㈱のシャンプーボトル（ギザギザ）のように、無償で公開し、近隣諸国や広くISOとも同一ルールにして、みんなの使い勝手を向上することが大切だと思われる。

に優しいきれいな空気を

臭いや花粉、菌・ウィルスなど空気中には不快なものも含まれています。クルマの室内からこうしたものをできる限り取り除き、人に優しいクリーンエアーを実現するために。

トヨタではさまざまな浄化システムを開発。より健康的で心地よい車内環境を保てるよう研究に取り組んでいます。

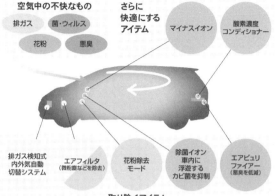

[花粉の季節も楽しく外出] 花粉除去エアコン

花粉除去機能付きエアコンは、ドライバーの顔や上体に付着した花粉をエアコンから吹き出す風で吹き飛ばすとともに、花粉混じりの空気を清浄。
車内をクリーンなエアーで満たします。

[森にいるかのような爽やかさ] プラズマクラスターイオン（除菌イオン）

空気中の浮遊する雑菌やウィルスを抑え込む「除菌イオン＊」、イオンバランスを整え爽やかな空気で満たす「マイナスイオン」。電気の力で空気を浄化する2つの技術を車内空気清浄器に搭載。
車内の空気を常に清々しく保ちます。

＊プラズマクラスター、プラズマクラスターイオン、Plasmaclusterはシャープ株式会社の商標です。

[排ガスのイヤな臭いから解放] 脱臭キャビンエアフィルター

クルマの排ガス臭の元・アセトアルデヒドを除去するために、活性炭の表面に化学成分を添着したのが、脱臭キャビンエアフィルターです。クルマの排ガスのイヤな臭いが車内に侵入することを防ぎ、気持ちよくドライブを楽しめます。

脱臭キャビンエアフィルターの取付位置と空気の流れ

図6.11　きれいな空気を

6.3　生活シーンからのユニバーサルデザイン

クルマのデザインは、生活の色々なシーンにおいても、使いやすいように考えてデザインをしている。そんな例をいくつか挙げてみる。

6.3.1　クルマのドアの乗降性

クルマには、人の乗降や荷物の搬出入のためにドアが取り付けられているが、それにも、ユニバーサルデザインの考えを取り入れた配慮がなされている。

いろいろな年齢や背格好の人が楽に乗降できるものとして、スライドドアがあげられる。特に、ユニバーサルデザインに配慮したものとしては、センターピラーをドア側内部に取り付けボディー側にセンターピラーを無くし、フロントのシートをタンブルシートにして組み合わせたパノラマスライドドア（トヨタラウム）は、その開口部の広さから、障がい者や高齢者などの乗降性を良くして、さまざまな使い道を可能にした、新しいドアとして活用されている（図6.12）。

図 6.12

6.3.2 クルマのドアの開閉

クルマのドアの開閉には、通常よく使われているスイングドアや跳ね上げドアなどがある。それぞれ、クルマの使われ方によって使いわけられている。ヒトの乗降はもちろんであるが、生活シーンの中では、荷物の積み下ろしも頻度が多い。特に、スーパーなどでの買い物の荷物は、助手席やリヤシートに乗せることも多いが、スイング式のバックドアであれば、狭い駐車スペースでも半開きで積むことができ、跳ね上げ式よりも使い勝手が良い。クルマの性格別に工夫している（図6.13）。

図6.13

コラム　数字の配列は上からか？下からか？

　朝日新聞（2007.8.20）によれば、「レジや電卓は下から１、２、３と並んでいるが、電話は上から１、２、３と並んでいる、なぜでしょうか？統一したら？」
　答は、電卓はISOで、電話は国際電気通信連合（ITU）でそれぞれ配列が決められているとか。また、出現は電卓のほうが早かったとか。具体的には、国内ではカシオの電卓が1957年で、プッシュホン電話が1969年に利用が始まったと報道しています。

6.4 設計のためにインデックス

こうしたクルマのユニバーサルデザインを支えているのが、設計段階における人間工学的なアプローチであり、各種のインデックス（指標）が活用されている。

ここでは、トヨタ自動車が取り組んできたインデックスなどを例として紹介する。

6.4.1 ユニバーサルデザインの設計を支える二つのインデックス

トヨタは、ユニバーサルデザインへの取り組みを、「多様化したニーズと、それに応えるクルマの関係」という視点に立ち、人にやさしいクルマづくりの一環として進めてきている。これまでも人間工学の視点や使用シーンを踏まえた車両の開発を続けてきたが、それを体系化し、より客観性・汎用性のあるものとするため、2003年3月に独自に2つのユニバーサルデザイン評価指標を発表した。今もこの指標を活用し、トヨタの考える「やさしいクルマづくり」に取り組んでいる。

ユニバーサルデザインの達成度を具体的かつ客観的に評価するために2つの指標からアプローチをしている。一つはエルゴインデックスで、ヒトのハード要件である人間工学の視点から、200近い評価項目を設定し、人間特性から各項目を評価し点数付して、車両ごとの目標設定や優劣比較を行うもので有効に活用され、体格や身体機能差を考慮した使いやすさの向上を目指している。もう一つの指標は、シーン適合度で、ヒトのソフトであるユーザー対話の視点でクルマに対するシーンや使われ方の要求を実現できるかを示す指標である（図6.14）。

6.4.2 お客様のニーズにこたえる対話型開発のスパイラルアップ

お客さまが求めるクルマに近づけるために、直接意見を聞き研究・開発して

図 6.14　トヨタの 2 つの評価指標

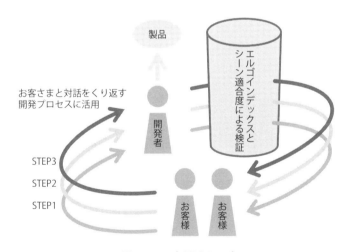

図 6.15　スパイラルアップ

いく。そして試作機や模型をお客さまに体験していただき、再び意見を聞く。
　このプロセスを何度も繰り返し、お客さまが求めている理想のクルマに一歩

一歩近づけていく「スパイラルアップ」によって、製品化をしていく方法がとられている（図6.15）。

6.5　今後への期待

今まで述べてきたことが、今日、街を走っているクルマに、いろいろな製品や仕様という形で反映され、特にユニバーサルデザインとうたわれなくても、それぞれがスタンダード化していって、誰にでも使いやすく魅力的なクルマの製品として、定着していくことを望んでいる。

参考文献
1）Toyota's Program for Universal Design in Vehicle Development, Noboru Koyama, Kazuhiko Nakamoto, Toyota Motor Corporation, Include 2005, April 2005.
2）トヨタの車両開発におけるユニヴァーサルデザインの取り組みと今後、佐竹博之、渥美文治、トヨタ自動車㈱、国際ユニヴァーサルデザイン国際会議、2010。
3）トヨタテクノミュージアム産業技術記念館　館報、Vol.45、発行：平成19年11月

コラム　押してもだめなら引いてみな！
　ドアを開けるときに無意識に起こる現象。両方向とも類似形状のドアノブが付いているからこうなるのでは？
　引いて開ける側だけ、引っ張ることのできる取っ手やハンドルを付け、押して開ける側なら手を当てる部分の「板」だけあればよいではないか。
　米国では、PULL側のドアハンドルは縦形状、PUSH側は横形状だそうです。

第7章
生活用品のユニバーサルデザイン

　ユニバーサルデザインは、比較的長期にわたって使われる施設や製品などに加え、使用期間が長いとは言えない身近な製品にまで広がっている。生活雑貨や食料品での取り組みを紹介する。

7.1 生活雑貨のユニバーサルデザイン

ユニバーサルデザインの心配りは、前章までに紹介された公共空間、住宅や住宅設備、家電製品、クルマといった、比較的長期にわたって使い続けられるものばかりでなく、比較的使用される期間が短い、身近な製品にも展開されている。

7.1.1 食品用ラップフィルムとアルミホイル

家庭のキッチンでは、調理や保存のためにラップフィルムやアルミホイル、キッチンペーパーが使われている。これらは基本的には似通った形状の紙容器に入っており、容器から引き出して、必要な長さにカットして使うもの。

そこで、ラップフィルムは、視覚に障がいを持つ消費者が収納場所から取り出すとき、ラップフィルムであることが識別しやすいように、1997年から容器にラップフィルムを示す触角記号を入れている。

またラップフィルムでは、国内2大メーカーをはじめ、容器からの取り出しやすさ、カットのしやすさ、使用途中での巻き戻り防止、使用期間中の再封性など、細やかな心配りが考案されているものが目立つ。

http://www.asahi-kasei.co.jp/saran/products/saranwrap/about/package.html

http://kurelife.jp/products/newkurewrap/index.html

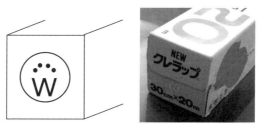

図7.1　家庭用ラップの触覚マーク

7.1.2 調理器具

 '毎日の生活をより快適にする革新的な製品開発' を使命とし、'ユニバーサルデザイン－より多くの人にとって使いやすい製品づくり' を哲学とする、OXO社。

 関節炎の妻が苦労して調理器具を持つ姿を見た創始者サム・ファーバーが、「持ちやすくて使いやすいキッチングッズを作ってあげよう」と、1990年にアメリカ・ニューヨークで創業した。どこの言語においても覚えやすいようにと命名された社名は、'○まる、×ばつ、○まる' ではなく 'オクソー'。http://oxojapan.com/

 キッチンで立った姿勢のままで計量目盛を読むことができるメジャーカップや、持ちやすいグリップや注ぎ口がついたミキシングボールなど、使う人の立場に立って考えられたユニークな製品群が提供されている。

写真 7.1　OXO 社の製品例（左メジャーカップ、右ミキシングボール）

7.1.3 文房具

 筆記具、ハサミ、カッター、定規、穴あけ、綴じ具、糊、画鋲、ノート、ファイルなど、ユニバーサルデザインを取り入れた文房具が多く市販されるようになった。

 コクヨ（2004年の分社・持ち株会社への移行に伴いコクヨS&T㈱に）では 'ユニバーサルデザイン製品が800点以上' と宣伝していた時期があったが、そもそも全ての商品をユニバーサルデザインにという思いがあったようで、今ではそのような宣伝をしていない。http://www.kokuyo-st.co.jp/stationery/

プラスはじめ他の文房具メーカーも、製品開発にユニバーサルデザインを取り入れることが常態化するようになった。その結果、便利で使いたくなる、使いやすい商品が店頭を占めるようになった。

7.1.4　食品

日本介護食品協議会は、同協議会が制定した規格（※）に適合する商品だけに日常の食事から介護食まで幅広く使用できる、食べやすさに配慮したレトルト食品や冷凍食品などの調理加工食品、飲み物や食事にとろみをつける「とろみ調整食品」を「ユニバーサルデザインフード」と名付けて、パッケージに所定のマークを表示、2012年2月時点で既に、23社から549種の商品が提供されている。

図7.2　ユニバーサルデザインフードのマーク

マークと同時に区分数値、区分形状を表示しているが、区分は次の4段階となっている。

「区分1」：容易にかめる
「区分2」：歯ぐきでつぶせる
「区分3」：舌でつぶせる
「区分4」：かまなくてよい

噛む力や飲み込む力が衰えた高齢者などにとって、商品選択の目安になる。

また、ホームページ等では図7.3のようなチャートを用意して、消費者の区分選択の目安としている。

区分	区分1 容易にかめる	区分2 歯ぐきでつぶせる	区分3 舌でつぶせる	区分4 かまなくてよい
かむ力の目安	かたいものや大きいものはやや食べづらい	かたいものや大きいものは食べづらい	細かくてやわらかければ食べられる	固形物は小さくても食べづらい
飲み込む力の目安	普通に飲み込める	ものによっては飲み込みづらいことがある	水やお茶が飲み込みづらいことがある	水やお茶が飲み込みづらい
かたさの目安 ごはん	ごはん〜やわらかごはん	やわらかごはん〜全がゆ	全がゆ	ペーストがゆ
かたさの目安 さかな	焼き魚	煮魚	魚のほぐし煮(とろみあんかけ)	白身魚のうらごし
かたさの目安 たまご	厚焼き卵	だし巻き卵	スクランブルエッグ	やわらかい茶わん蒸し(具なし)
調理例(ごはん)				
物性規格 かたさ上限値 N/m²	5×10^5	5×10^4	ゾル:1×10^4 ゲル:2×10^4	ゾル:3×10^3 ゲル:5×10^3
物性規格 粘度下限値 mPa·s			ゾル:1500	ゾル:1500

図 7.3　日本介護食品協議会の区分表
http://www.udf.jp/about/table.html

コラム　CIF

　CIFはソフトウエアを対象とするアメリカのANSI規格（ANSI NCITS 354-2001）であったが、ISO25062として国際規格化されている。

　当初は、ソフトウエアを対象とする企業間の調達のための文書規格であったが、現在ではハードウエアを対象とする利用も行われている。

　CIFはISO9241-11のユーザビリティの定義をもちい、ユーザビリティの品質を「有効さ」「効率」「満足度」の指標で定量的にとらえる評価方法。

　被験者の各特性に関する記述や人数、テスト方法や、各指標の定義、テスト結果のまとめ方など詳細に定められている。

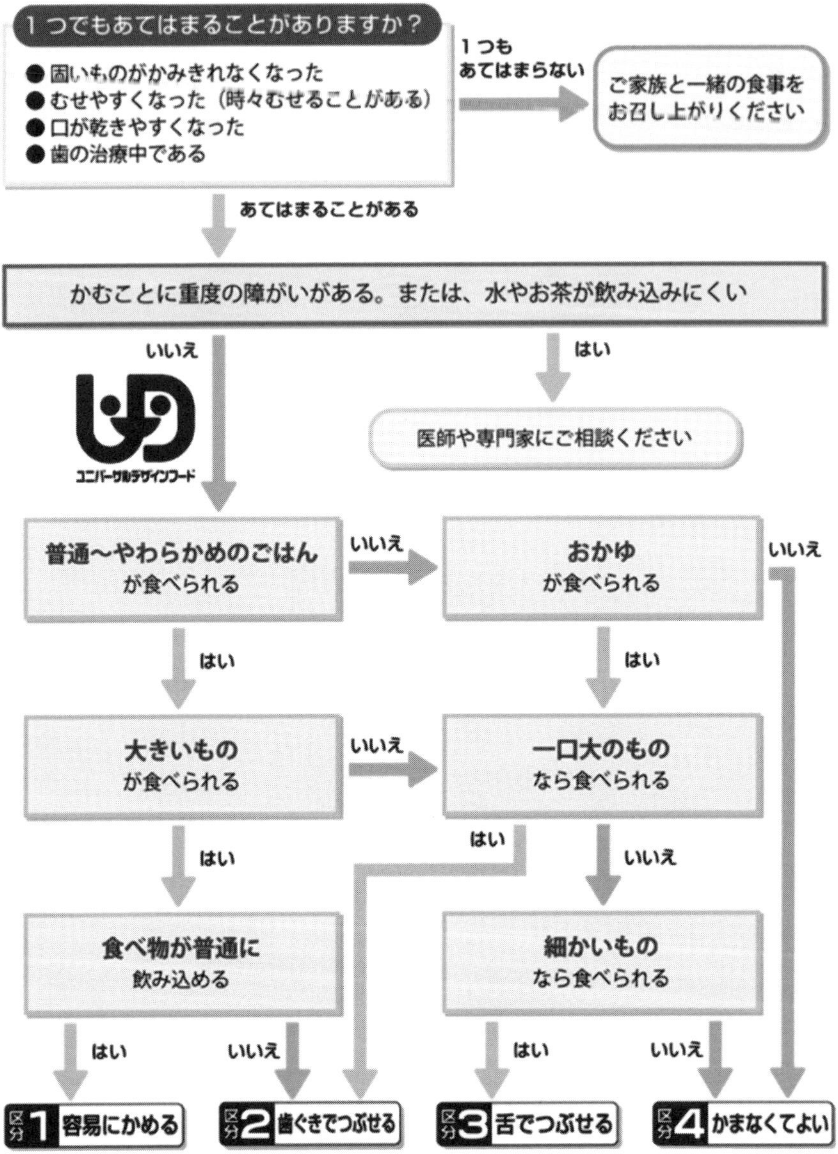

1つでもあてはまることがありますか？
- 固いものがかみきれなくなった
- むせやすくなった（時々むせることがある）
- 口が乾きやすくなった
- 歯の治療中である

→ 1つもあてはまらない → ご家族と一緒の食事をお召し上がりください

↓ あてはまることがある

かむことに重度の障がいがある。または、水やお茶が飲み込みにくい

- はい → 医師や専門家にご相談ください
- いいえ ↓（ユニバーサルデザインフード）

普通～やわらかめのごはんが食べられる
- いいえ → **おかゆが食べられる**
  - いいえ → 区分4 かまなくてよい
  - はい ↓
- はい ↓

大きいものが食べられる
- いいえ → **一口大のものなら食べられる**
  - はい → 区分2 歯ぐきでつぶせる
  - いいえ ↓
- はい ↓

食べ物が普通に飲み込める
- はい → 区分1 容易にかめる
- いいえ → 区分2 歯ぐきでつぶせる

細かいものなら食べられる
- はい → 区分3 舌でつぶせる
- いいえ → 区分4 かまなくてよい

図 7.4　選択の目安チャート（日本介護食品協議会）
http://www.udf.jp/about/meyasu.html

7.2　パッケージのユニバーサルデザイン

　スーパーマーケットやコンビニエンスストアに並べられた、数多くのパッケージ入り商品。カタログ等で充分スペックなどを比較・検討して購入することが多い耐久財と違い、店頭で一瞬のうちに選択する場合が多い。

7.2.1　パッケージの機能
　パッケージは、①中身を単位化（容量決定）、②消費時点までの確実な品質保持、③商品等の情報伝達、といった機能を担っている。
　消費者に対し製造者は、安心・安全の確保のため、内容物が流通や保管段階で酸素や水蒸気による品質劣化が起こらないよう、高いバリア性能を持った包装材料を使用したり、また破損に耐えるように密閉性を高めたり、強度を保つよう設計している。
　一方で消費者にとってこれら安心・安全の確保はあたりまえのことで、加えて誰にとっても使いやすいものが要求されるようになり、識別のしやすさ、開封のしやすさ、保管や再封のしやすさ、持ち運びや取り扱いのしやすさ、廃棄性の向上など、ユーザビリティ視点が重要となる。

7.2.2　日常における違和感
　パッケージ入り商品を店頭で選択するとき、あるいは購入した後で次のような違和感を抱いたことはないだろうか？
　(1)　この商品はいったいどんなものなのか？
　(2)　どうやって使うのかな？
　(3)　落としてはいけない、注意しなければ！
　(4)　どこから、どうやって開けるの？
　(5)　きれいに再封できない
　(6)　最後まで中身が出しにくいな

(7) どう捨てるのだろう？

一度や二度ではない、どれも日常の生活でよく経験していることではないだろうか。ユニバーサルデザインを取り入れることで、こうした違和感を使用者に持たせないようにしたいもの。

7.2.3 パッケージの評価

「JIS S 0022-4　高齢者・障害者配慮設計指針－包装・容器－使用性評価方法」について紹介する。この規格は高齢者や障害のある人を含む多くの人が満足する包装・容器づくりの普及を目的として、'使用者の立場で客観的に評価する方法' について規定されたもの。

前項で取り上げた違和感、この「JIS S 0022-4」に基づいて客観的に評価することで、どこに問題点があり、どこを改善すべきなのかが見えてくる。

この規格の特徴は、使用者が商品を購入し、使い終わって廃棄するまでのプロセスごとに、パッケージの機能評価を行なうこと。

具体的な評価ポイントは**表7.1**をご覧頂きたい。あらゆる形態のパッケージにも適用できるように「基準型」として共通化、一般化されているので、この評価項目を評価すべき製品の製品特性に応じた適切な表現に置き換えていくことによって、評価項目の抜けと偏りを防止することができる。

表 7.1　JIS S 0022-4 に示されている評価項目一覧表（"基準"）

区　分		評　価　項　目
購　入	商品識別	• 商品の識別がしやすいか（誤購入の可能性はないか） 　－他商品と類似しない商品名・デザイン 　－文字の大きさ、色の組合せなどへの配慮 • 視覚に頼らなくても商品識別ができるか 　－触覚識別表示（点字、浮き出し文字、マーク、切欠きなど）のわかりやすさ 　－特徴ある容器（形状、材質） • 法定表示はわかりやすいか 　－内容量、成分表示（アレルギー物質を含む）、使用期限などの表示位置
	持ち運び	• 持ち運びやすいか 　－持ちやすい形状・重さ・大きさ、滑りにくさ

保管[a]	保管方法	・保管方法はわかりやすいか 　－直感的な理解 　－保管の手順・図解、保管上の注意のわかりやすさ
	保管性	・保管がしやすいか 　－収納性、倒れにくさ、取り出し時の滑りにくさ 　－保管時の商品識別しやすさ、期限表示の見やすさ 　（包装容器の中に複数の内装・個装がある場合、それぞれに必要表示をする）
開　封	開封箇所	・開封箇所はわかりやすいか 　－直感的な認知、一般的な開封箇所 　－開封箇所表示のわかりやすさ ・視覚に頼らなくても開封箇所がわかるか 　－触れてわかる切込み、開封部に凹凸加工など
	開封方法	・開封方法はわかりやすいか 　－直感的な認知、簡単な開封構造 　－新しい開封方法の場合、開封の手順・図解のわかりやすさ
	開封性	・開けやすいか 　－開けやすさの配慮（つまみ、直線カット性、滑り止めなど） 　－弱い力、手指の大きさ、利き手などへの配慮
使　用	保持	・持ちやすいか 　－片手で扱える形状・重さ・大きさ、滑りにくさ 　－安定性（重心・バランス、剛性など）への配慮
	使用方法	・使用方法はわかりやすいか 　－直感的な理解 　－使用の手順・図解のわかりやすさ ・警告表示、使用上の注意表示はわかりやすいか 　－文字の大きさ、色の組合せ、表示位置などへの配慮 　－危険回避の表示、誤使用・誤飲食した場合の対応表示とわかりやすさ
	使用性	・使いやすいか、つめかえやすいか（つめかえ用の場合） 　－片手で扱える形状・重さ・大きさ、滑りにくさ 　－中身の取り出しやすさ（注ぎやすさ） 　－適正使用量・残量などの確認のしやすさ 　－飛び散り、出過ぎ、たれ、こぼれなどへの配慮 ・最後まで取り出せるか 　－最後の容器内残量の少なさ ・安全に使用できるか 　－危険、誤使用・誤飲食などへの配慮（うっかりミスに対しても安全）
再　封	再封方法	・再封方法はわかりやすいか 　－直感的な理解 　－再封の手順・図解のわかりやすさ
	再封性	・再封しやすいか 　－弱い力、利き手などへの配慮 　－再封確認のしやすさ（感触、音など）

保管[b]	保管方法	・保管方法はわかりやすいか 　−直感的な理解 　−保管の手順・図解、保管上の注意のわかりやすさ
	保管性	・保管がしやすいか 　−収納性、倒れにくさ、取り出し時の滑りにくさ 　−保管時の商品識別しやすさ、期限表示の見やすさ 　（包装・容器の中に複数の内装・個装がある場合、それぞれ必要表示をする） ・使用及び保管環境で中身の品質、衛生が保てるか 　−内容物の変質、異物・異液の混入阻止などへの配慮
分別		・分別方法はわかりやすいか（分別手順・分別表示） 　−直感的な理解 　−分別方法の表示、分別時の注意表示のわかりやすさ ・分別しやすいか 　−素材別の分別 　−たたみやすさ、つぶしやすさ 　−分別時の危険のなさ
排出[c]		・排出方法はわかりやすいか 　−直感的な理解 　−排出方法の表示、廃棄時の注意表示のわかりやすさ ・安全に排出できるか 　−排出時、排出後の危険のなさ

注記　表7.1の評価項目の表示のわかりやすさ
　　　文字の大きさに関しては、JIS S 0032に最小可読文字サイズの推定方法が規定されている。また、消費者用警告図記号については、JIS S 0101に規定されている。
注[a]　開封前保管
注[b]　開封後保管
注[c]　ごみ出し（資源ごみ、可燃ごみなど）

7.2.4　ユニバーサルデザインが考慮された事例

(1)　商品のわかりやすさ

　店頭で商品選択する顧客に特長が効果的に伝わるように、商品名（ブランド）、特長（キャッチコピー）、写真などを効果的にデザインすることは当然。同時に顧客が知りたい消費（賞味）期限、原材料表示、使用法などの情報は、色使い、書体、文字サイズ、表現、レイアウトなど、読みやすさへの心配りが不可欠だ。

1）わかりやすい表現に努めている（**写真7.2、写真7.3**）
2）文字を読みやすく、大きさや色使いを工夫している（**写真7.4、写真7.5**）
3）視覚が不自由な状態でも識別しやすいようにしている（**写真7.6**）

写真 7.2　作り方が絵で示されているスープ

写真 7.3　外装フィルムを剥がした後でも作り方がわかるカップメン

写真 7.4　高齢者にも見やすい商品名

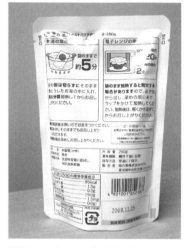

写真 7.5　使い方のポイントがイラストで、大きめの文字でわかりやすい

4）点字加工を付すことで視覚障害者にも商品をわかりやすくしている（写真7.7、写真7.8）

5）㈳日本冷凍食品協会では、冷凍食品パッケージの「調理方法」「召し上がり方」の説明に使う業界共通のピクトグラム（アイコン、絵文字）の統一基準を図7.5、図7.6のように定めている。

第7章　生活用品のユニバーサルデザイン　　*135*

写真 7.6　詰め替えパウチにもリンスと識別する切り欠きを施したシャンプー

写真 7.7　詰め替えシャンプーのパウチに点字

写真 7.8　点字を施したソースボトル

図 7.5　冷凍食品アイコン「使用不可」表示の例

図 7.6　冷凍食品アイコン調理具の表示

(2) 開封のしやすさ

開封には開封場所が容易に探せること（目で見てわかる、手探りでもわかるなど）、開封動作が容易であること（鋏など道具不要、軽い力、簡単、左右どちらでも、など）の2点が必要。

1）ラッピングの開封テープは見やすく、つまみやすくしている（**写真7.9**）
2）「あけくち」などの表示で開封部を見つけやすくしている（**写真7.10**）

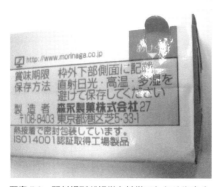
写真 7.9　開封場所が視覚と触覚でわかりやすくされたガム

写真7.10　「あけくち←」と印刷された幅広の開封テープをもつ菓子箱

3）指先で開封部を探しやすくしている（**写真7.9**、**写真7.11**、**写真7.12**、**写真7.13**）
4）片手やワンアクションで開けられるようにしている（**写真7.14**）
5）はさみなどの道具を使わず、手で開けられる（**写真7.15(a)(b)(c)**）
6）熱くなったレトルト食品でも取り出しやすい工夫（**写真7.16**、**写真7.17(a)(b)**）
7）左右どちらの手でも開けられる（**写真7.18**）
8）開封動作がしやすい形状にしている（**写真7.19**）

写真 7.11　開封場所が手触りでもわかる

写真 7.12　指先でわかるように開封部に段差をつけた菓子

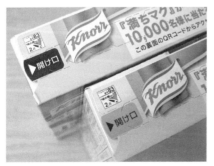

写真 7.13　指先でわかるように開封部を出っ張らせている

写真 7.14　ワンプッシュで開けられるガムボトル

(a)　　　　　　　　(b)　　　　　　　　(c)
写真 7.15　手で切れるシャンプーの詰め替えパウチ

写真 7.16　熱くても開けやすい工夫のあるレトルト食品

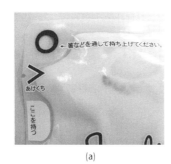 

(a)　　　　　　　　(b)
写真 7.17　熱湯で熱くなったパウチを取り出しやすいように箸穴を開けている

第 7 章　生活用品のユニバーサルデザイン

写真 7.18　利き手の方向にかかわらず左右どちら側からでも開けられる菓子

写真 7.19　開栓時の保持性を向上するため、くぼみを付けたジャム容器。使用開始日を書き込める欄もある。

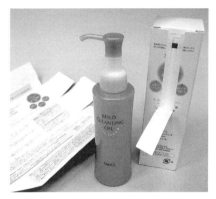
写真 7.20　外箱のジッパーを開けると内面が説明書になっている化粧品、環境にもよい

写真 7.21　途中で曲がらず直線状に切れる軟包装

9）ジッパーで容易に開けられる工夫のある紙箱（**写真7.20**）

10）手で真直ぐ開封できるように方向性をもった軟包装（**写真7.21**）

(3) **持ちやすさ**

通常パッケージを持つということは、それ自体が目的ではなく、手段に過ぎない。人の生活行為の中で、目的を達成しようとしてパッケージを持つ。しかもその環境や状況には、さまざまな違いがあることを考慮しなければならない。

1）片手で持てる（**写真7.22(a)(b)**）

(a)

(b)

写真 7.22　小さめの手でも持ちやすくするため、背面・胴部の折れ目加工と、側面に指穴と滑り止め加工を施した液体用紙容器

写真 7.23　つかみやすいように側面形状を手のつかみ幅に合わせた詰め替えパウチ

写真 7.24　くぼみを付けて持ちやすくなったインスタントコーヒー容器

第7章　生活用品のユニバーサルデザイン　　*141*

写真 7.25　ボトル断面が傾斜してスリムになり、つかみやすくなった食用油

写真 7.26　浴室で使用する商品だけに、濡れた手でも落としにくくなった入浴液ボトル

写真 7.27　小さい子供の手にも配慮して胴部を細くしたパウチ飲料容器

2）女性や子どもの小さめの手でも持てる（**写真7.19、写真7.23～写真7.27**）
3）滑らない工夫（**写真7.22、写真7.26**）
4）子どもの小さな手にも持ちやすく（**写真7.27**）

(4) 使いやすさ

パッケージされた商品は1回で使い切るものもあれば、一定期間保管しなが

ら繰り返し使用するものもある。そうした商品のパッケージは使用期間中の中身の保護のほかに、パッケージの耐久性も必要となる。

1）開け閉めが容易にできる（**写真7.14**の蓋を押せば確実に閉められ、ワンプッシュで開けられる）
2）ジッパー付きの軟包装の採用（**写真7.28**）
3）計量作業がしやすいような位置表示のあるキャップ（**写真7.26**、**写真7.29**）
4）使用期間中でも賞味期限がわかる配慮（**写真7.30**のマヨネーズやケチャップの賞味期限は外装袋上の印字であったが、キャップ自体に印字されるようになった）

写真 7.28　ジッパー部にスライドを付けてスムーズな開閉ができる軟包装

写真 7.29　入浴剤を注いでも計量ラインが見えなくならないように上方に矢印を表示したキャップ

写真 7.30　マヨネーズはキャップに賞味期限が印字されるようになった

第7章　生活用品のユニバーサルデザイン

5）使用開始の期日を書き込める欄を設けている（**写真7.19**）

6）片手でも使用できる

7）操作時間が短い

(5) 廃棄のしやすさ

商品の使用後、パッケージは資源ごみ等として排出されることになるため、リサイクルマーク表示（**図7.7**）が義務付けられている。また、プラスチックキャップのガラス瓶など、複合素材でできているパッケージでは、分解・分別排出がしやすいような工夫が望まれる。

1）分別排出しなくて良くなっている（単一素材のパッケージなど）

2）分別や分解がしやすくしたPETボトルにポリエチレンキャップの本みりん容器（**写真7.31**）

3）潰して減量しやすい（**写真7.32**）

などである。

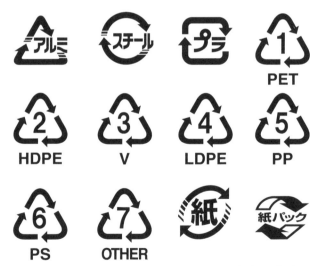

第1行左から：アルミニウム製容器包装（アルミ缶など）、スチール製容器包装（スチール缶など）、プラスチック製容器包装、ペット樹脂、第2行目左から：高密度ポリエチレン、塩化ビニール樹脂、低密度ポリエチレン、ポリプロピレン、3行目左から：ポリスチレン、その他の石油製品、紙製容器包装、紙パック製容器包装

図7.7　リサイクルマーク

写真 7.31 使用後に分別排出を容易にするため、ペットボトルからはずしやすくしたポリエチレンキャップ

写真 7.32 側面に折り罫を入れることにより、かさばらずにたたみやすくした紙パック

コラム　「よい・わるい」と「すき・きらい」は同義語？

　消費者としての高齢者は、独自のものさしと仲間の口コミ情報で商品購入を判断することが多い。言い換えると、自らの経験の少ない情報で主観的に判断している。

　さらに、「よい・わるい」がやがて「すき・きらい」へと変化し、嫌いな商品は買わない！、あの会社の商品はダメ！と口コミ情報となって仲間へ伝達する…高齢者に嫌われない商品をつくるポイントは、本物のユニバーサルデザインを志向することである。

7.2.5　パッケージのアクセシブルデザイン（ISO、JIS アクセシブルデザイン）

　パッケージのユニバーサルデザインを検討するときの基本的なガイドとなるものといえる。ISOではアクセシブルデザインと表現しているが、大まかにはユニバーサルデザインと同意語と理解して良い。

　ISOでは「アクセシブルデザイン包装」を制定する動きが活発化、先ず日本が「JIS S 0021高齢者・障害者配慮設計指針－包装・容器」をベースにした案を提案、「ISO 11156：2011 Packaging - Accessible design - General requirements」となって2011年に発行された。パッケージのアクセシブルデザイン設計のための主要側面は次の通り。

　1）情報と表示
　①　内容；文字と画像等、点字と触角表示、代替様式、表示の位置
　②　識別；色使い、点字や触角表示、パッケージ形状、誤認への配慮

③　開封部；開封位置、開封方法
　2）取り扱いと操作
　①　持ち運び性
　②　開封性と再封性；開封のしやすさ、再開閉のしやすさ
　③　内容物の取り出し
　④　保存性；保管性、必要情報の可視性、品質維持
　⑤　分別と廃棄；分別しやすさ、減容性、安全性
　3）パッケージのアクセシブルデザイン評価
　①　考慮事項；パッケージングの段階毎に、使用状況とひとの能力
　②　評価の方法；測定機器による、ユーザーによる

　パッケージの機能を、中身の品質を保持するという基本に加えて、使用者への情報提供と取り扱いという側面を配慮すべきと定めたものである。

7.2.6　ISO/IEC Guide71（JIS Z 8071）「高齢者及び障害のある人々のニーズに対応した規格作成配慮指針」における配慮ポイント」

　ISO/IEC Guide71（JIS Z 8071）「高齢者及び障害のある人々のニーズに対応した規格作成配慮指針」は、第1章で紹介されている通り日本からの提案で2001年発行に至ったISOだ。一般製品・サービス・生活環境を、高齢者及び障害のある人にも使いやすくするための考え方が示されている'規格を作る際の参考'と位置づけられる。しかし高齢者及び障害のある人たち等の人間データ、複数の個別規格に関わる配慮事項（共通規格）を示すものではない。

　製品やサービス、環境を利用する際に必要な「配慮すべき要素」と、「心身の機能と障害の影響」とのかかわりが示されている。

　1）心身の機能と障害の影響（横軸）
　①　感覚機能（規格の番号：9.2）
　　-1 視覚（規格の番号9.2.1）
　　-2 聴覚（規格の番号9.2.2）
　　-3 触角（規格の番号9.2.3）

-4 味覚と嗅覚（規格の番号9.2.4）

　-5 平衡感覚（規格の番号9.2.5）

② 　身体機能（規格の番号9.3）

　-1 器用さ（規格の番号9.3.1）

　-2 操作（規格の番号9.3.2）

　-3 移動（規格の番号9.3.3）

　-4 筋力（規格の番号9.3.4）

　-5 発声（規格の番号9.3.5）

③ 　認知機能（規格の番号9.4）

　-1 知的能力と記憶（規格の番号9.4.2/3）

　-2 言語と読み書き（規格の番号9.4.4）

④ 　アレルギー（規格の番号9.5）

　接触／食物／呼吸器系

2）配慮すべき要素（縦軸）

① 　代替様式（規格の番号8.2）

② 　情報及び操作具の位置及びレイアウト並びに手すり及び取っ手の付け方（規格の番号8.3）

③ 　照明の強さとグレア（規格の番号8.4）

④ 　色とコントラスト（規格の番号8.5）

⑤ 　情報、警告及び操作具（スイッチ類）の表示に適した文字や記号の大きさと形（規格の番号8.6）

⑥ 　分かりやすい書記言語及び音声言語による情報（規格の番号8.7）

⑦ 　図記号及びイラストレーション（規格の番号8.8）

⑧ 　言語以外の音における音量と高さ（規格の番号8.9）

⑨ 　速度を押さえた情報表示（規格の番号8.10）

⑩ 　区別しやすい製品、操作部及び包装（規格の番号8.11）

⑪ 　扱いやすさ（規格の番号8.12）

⑫ 　使用期限の表示（規格の番号8.13）

⑬ 成分表示とアレルゲンに関する警告（規格の番号8.14）

⑭ 表面温度（規格の番号8.15）

⑮ アクセシブルな経路（規格の番号8.16）

⑯ 道理にかなった手順（規格の番号8.17）

⑰ 表面仕上げ（規格の番号8.18）

⑱ 非アレルギー性及び毒性のない素材（規格の番号8.19）

⑲ 音響（規格の番号8.20）

⑳ フェールセーフ（規格の番号8.21）

㉑ 喚起（規格の番号8.22）

㉒ 素材の火災安全性（規格の番号8.23）

この内、包装では**表7.2**のように、①、③、④、⑤、⑦、⑩、⑪、⑯、⑰、⑱が配慮すべき要素とされており、心身の機能と障害の影響に関わる部分に網がけされている。

食品では⑫の使用期限や賞味期限の表示も義務づけられているので、この表に表示された要素だけを配慮すれば良いというものではないことも理解して欲しい。

前述したように、パッケージは①中身を単位化（容量決定）、②消費時点ま

表7.2　包装容器における考慮ポイント

	心身の機能													
	9.2 感覚					9.3 身体					9.4 認知		9.5 アレルギー
	9.2.1	9.2.2	9.2.3	9.2.4	9.2.5	9.3.1	9.3.2	9.3.3	9.3.4	9.3.5	9.4.2/3	9.4.4	
	視覚	聴覚	触覚	味覚と嗅覚	平行感覚	器用さ	操作	移動	筋力	発声	知的能力と記憶	言葉と読み書き	接触/食物/呼吸器系
8.2 代替形式	■	■											
8.4 照明とぎらつき	■												
8.5 色とコントラスト	■										■		
8.6 文字の大きさと形	■												
8.8 図記号と絵記号	■										■	■	
8.11 識別しやすい形	■		■										
8.12 扱いやすさ						■	■		■				
8.17 道理に適った手順											■		
8.18 表面の材質			■										
8.19 アレルギー性や毒性のない素材													■

注：表中の番号は規格の番号

での確実な品質保持、③商品等の情報伝達、という3機能を担っている。ここで③商品等の情報伝達を考える時、パッケージ（包装）箇条だけでなく、「情報」、「素材」、「ユーザーインターフェース」、「保守、保管、廃棄」の箇条もあわせて参考にして欲しい。

7.2.7　JIS、ISOの活用

パッケージのユニバーサルデザイン推進に当たっては、これまでに紹介したものに加えて、以下のJISがガイドラインとして参考になる。

１）JIS S 0022高齢者・障害者配慮設計指針－包装・容器－開封性試験方法

一口に「開けやすい」と言っても、評価者の感覚でモノを言っていては客観的ではない。そこで、物理的な測定法を標準化したもの。

開封方式の違いにより、以下の容器分類ごとに、機械的な開封試験の方法が示されている。

a）ヒートシール軟包装袋（スナック菓子、レトルト包装袋など）
b）ヒートシール半剛性容器（カップ入りのゼリーやプリンなど）
c）ねじぶた容器（PETボトル、ガラス容器など）
d）プルタブ容器（缶詰、飲料缶など）
e）屋根形紙パック容器（牛乳パックなど）

２）JIS S 0022-3高齢者・障害者配慮設計指針－包装・容器－触角識別表示

消費生活用製品の購入から分別および排出までの日常の活動において、視覚障害者をはじめ多くの人々が、製品を間違いなく識別できるようにするため、包装・容器に識別表示を付けるときの配慮すべき設計指針について、以下が規定されている。

① 　触角識別表示の位置と方向
② 　触角識別表示の方法
　a）点字
　b）浮き出し文字
　c）記号
　d）切欠き

e) 包装形態

但し、家庭用殺虫剤、家屋を守るための殺虫剤、殺そ剤、忌避剤など、誤使用、誤飲食によって危険が及ぶ可能性が高い製品に関しては次項で紹介する規格（JIS S 0025）による。

ここで、実は「何を識別させるか」ということに関しては規定されていない。消費者の触角識別表示へのニーズは、製品個々の内容物とその包装・容器によって触覚識別表示の必要性の度合いは異なる。

誤認によって生じる不快感や損害は"内容物が何か"に由来し、誤認しやすいかどうかは主に"包装・容器の形状類似性（触覚による識別の難易度）"が影響する。

これらの関係性を、包装・容器の設計者が自己判断できるように整理したマトリクス表が、本規格の付属書に紹介されている。

触覚識別のニーズ ■=大 ■=大～中 ■=小

		形 状 の 類 似 性 （触覚での識別難度）		
		大（同一）	中（類似）	小（相違）
危険・有害		(1) 誤使用・誤飲食で危険が及ぶ可能性が高い製品で JIS S0025 に規定されるものは包装・容器に危険の凸警告表示をつける。 ＊対象製品：①毒物及び劇物取締法及び農薬取締法の対象製品 　　　　　　②家庭用殺虫剤, 家屋を守るための殺虫剤, 殺そ剤, き避剤 　　　　　　③まぜるな危険対象製品, 火気厳禁, 火気・高温注意対象製品（化粧品を除く） (2) 誤飲すると人によっては有害なことがあるアルコール類は, 包装・容器におけの点字, 記号などをつけるのが望ましい。		
不快・損害（誤使用・誤飲食で不快感・損害を伴う）	大	①缶詰(食用とペット用) ②プラスチックボトル(シャンプーとリンス)	①プラスチックボトル(リンスとボディソープ) ②チューブ入製品(歯磨と他) ③プラスチックボトル(液体洗剤と仕上剤)	
	中	①缶詰(魚・肉と果物) ②紙パック飲料(牛乳と他) ③PETボトル飲料(水と他) ④チューブ入香辛料 ⑤各種スパイス・調味料(匂いで識別が不可能なもの) ⑥各種つめかえ用パウチ ⑦各種パウチ入食品 ⑧箱入食品(冷凍食品と冷蔵食品)	①軟質プラボトル(マヨネーズとケチャップ) ②チューブ入製品(スキンクリームと洗顔料) ③びん詰め食品(ジャムと他)	
	小	①缶詰(果物の種類違い) ②缶入アルコール飲料(ビールとチューハイ) ③レトルトカレーの辛さ違い ④豆腐のキヌとモメン ⑤ワインのシロとアカ ⑥各種スパイス・調味料(においで識別可能なもの)	①一升びん入アルコール飲料(清酒と焼酎) ②各種カップ入食品 ③各種箱入菓子	①ウイスキーブランド違い

図7.8　触角識別表示ニーズマップ

3）JIS S 0025高齢者・障害者配慮設計指針－包装・容器－危険の凸警告表示－要求事項

法規に定められた危険な物質及び調整物を入れた包装のうち、日常生活において人が直接触れるものに対し、危険の凸警告表示に関する要求事項が規定されている。

薬事法の対象となる製品のうち、誤使用、誤飲食によって危険が及ぶ可能性が高い製品（家庭用殺虫剤、家屋を守るための殺虫剤、殺そ剤、忌避剤）だけに適用される。

危険の凸警告表示の形状と寸法が規定され、1.7mm±0.2mm幅の枠で形成される一辺の長さ18mm±2mmの正三角形記号を、包装・容器の底面から50mm以内の側面に表示するというもの。包装・容器の形状やサイズによる、基準形以外の規定もある。

この規格はISO 11683を基とし、技術的内容が一部変更されたもの。

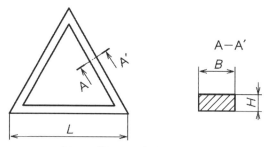

図7.9　触角による危険の凸警告記号

参考文献
1）山下和幸：包装・容器にみるユニバーサルデザインの現状と展望、日本包装技術協会、「包装技術」（2004.12）
2）古田晴子、ユニバーサルデザインを考慮した表示のあり方、日本包装技術協会、「包装技術」（2004.12）
3）ユニバーサルデザイン研究会編、ユニバーサルデザイン、日本工業出版（2003.9）
4）ユニバーサルデザイン研究会編、新・ユニバーサルデザイン、日本工業出版（2005.3）

5）ユニバーサルデザイン研究会編、人間工学とユニバーサルデザイン、日本工業出版（2008.3）
6）http://www.reishokukyo.or.jp/food-safety/package-icon　冷凍食品パッケージ用アイコン、㈳日本冷凍食品協会（2007.9）
7）http://www.ssinfo.com/mark/recycle_mark.htm　リサイクル関連マーク集、㈱エスアンドエス（2007.9）
8）http://www.asahi-kasei.co.jp/saran/products/saranwrap/about/package.html、サランラップ・パッケージの工夫、旭化成ホームプロダクツ㈱
9）http://kurelife.jp/products/newkurewrap/index.html、NEWクレラップ、㈱クレハ
10）http://oxojapan.com/、OXO International, Inc.
11）http://www.kokuyo-st.co.jp/stationery/、コクヨS＆T㈱
12）http://www.udf.jp/index.html、日本介護食品協議会
13）JIS S 0021高齢者・障害者配慮設計指針－包装・容器、日本規格協会（2000.10）
14）JIS S 0022高齢者・障害者配慮設計指針－包装・容器－開封性試験方法、日本規格協会（2001.11）
15）JIS S 0022-3高齢者・障害者配慮設計指針－包装・容器－触角識別表示、日本規格協会（2007.2）
16）JIS S 0022-4：高齢者・障害者配慮設計指針－包装・容器－使用性評価方法、日本規格協会（2007.2）
17）JIS S 0025：高齢者・障害者配慮設計指針－包装・容器－危険の凸警告表示－要求事項、日本規格協会（2011.5）
18）JIS S 8071：高齢者及び障害のある人々のニーズに対応した規格作成配慮指針、日本規格協会（2003.6）
19）ISO 11156：Packaging - Accessible design - General requirements、（2011.6）

コラム　東京では左、大阪は右

　駅などのエスカレーター、立ち止まる側と歩く側の位置が逆。誰が決めたわけでもなく自然発生的に生まれたエチケットらしいですが、東京の人が大阪で降りたとたんに後ろから迷惑がられますから要注意。いっそのこと、片側の踏み板部分に両足揃えた絵でも入れて、立ち止まり位置を統一してはどうですか？

第8章
情報のユニバーサルデザイン

　さまざまな媒体により発せられる情報。ひとは視聴覚などの五感を介して受信、それを判断し、行動する。情報伝達の強化のために、ユニバーサルデザインを取り入れた工夫を紹介する。

「情報」をわかり易く伝えるためには、二つ重要なことがある。
　◆情報発信者は、情報の本質を見極め、質を高め、文章・画像とも整理されたものを用意しなければならない。
　◆情報制作者は、紙やWebなどの最適なメディアを選択し、情報を誰がどんな環境で見るかなどに十分に配慮して制作しなければならない。

　この章では、わかり易く情報を発信するためにさまざまな配慮がなされた制作ツールや、制作に必要とされる手法を記述する。

　情報は紙、Web、映像、音声などの各種メディアを通じて入手できる。
　近年はWebやスマートフォンなどの各種デバイスの普及により、必要な時に必要な情報を受け取れるようになってきた。
　そのメディアから受け取る情報は約80％は視覚によるといわれている。
　しかし、すべての人たちが同じ状態で受け取れているわけではない。
　高齢化や国際化が進むことで、文字が読みにくい、意味がわかりにくいなど、さまざまな不便が表れている。
　また地震や風水害など、重要な情報を誰もが確実に入手する必要性も増加してきている。
　そこで今、最も求められているのが「情報のユニバーサルデザイン」である。

【情報入手時の不便さ】
　1．日常生活で新聞、書籍、広報などが読みにくい。細かい文字が見えない。
　2．災害対応のハザードマップなど、情報を色で示す印刷物や画面の色の違いがわかりにくい。
　3．危険表示など日本語で記載されているものが読めない。意味を理解できない。
　4．パソコンやスマートフォン・携帯電話などの機器を保有していない。操作できない。

5．電気や通信の遮断で、電子機器を通じた情報入手ができない。

【情報がわかりにくい原因】
1．弱視・老眼・白内障などで小さい文字などが見えにくい。
2．色覚障害で特定の色の見分けがつけにくい。
3．外国人・年少者など、日本語を理解しにくい。
4．まったく見えない、まったく聞こえないなど。
5．電子機器の操作ができない。
6．電気、電波が通じない。

情報発信者は情報入手の不便さ、原因を理解・推察して情報発信をしなければならない。

本章で扱う内容を項目別に記載する。

1．高齢者、弱視者にもわかり易いユニバーサルデザイン書体について。
2．情報が一目で理解できるピクトグラム。
3．読みやすい文字レイアウトの法則。
4．わかり易いWeb画面。

コラム　転倒

　高齢者の4人に1人は転倒転落している。転倒者のうち8割がけがをしている。雨の夕方、慣れない通りが危ない。私も先日出張先の夕方、歩道の木の植え込みがある2cmの凹みで転倒し足指をくじいた、これもけがかな。
　原因は自身にある、よく見る、筋力をつけること。
http://www.anzen.metro.tokyo.jp/senior_life.html

8.1 ユニバーサルデザインフォント

　健常者にも、弱視や老眼の中高年にも見やすいを目標に『ユニバーサルデザインフォント（以降「UDフォント」）』が開発された。UDフォントは、見やすさを求めるさまざまな印刷物、看板、電子媒体に採用され効果をあげている。

8.1.1　書体について
　UDフォントの特徴を理解するためにフォント全体の概念を説明する。
　「フォント」とは、漢字・かな・英数・記号約物がセットになったものをいう。
　印刷業界で標準的なOpenTypeフォントは約16,000文字がセットになっている（通称OpenType Pro版）。Windows OSではTrueTypeフォントが標準的である。
　「書体」とはフォントのデザインをさす。
　現在、日本で使用されている書体は大きく分けていわゆる「筆書体系」と「ゴシック体系」に大別される。筆書体系書体には「明朝体」「楷書体」「行書体」などがある。本文に使用されることが多い。ゴシック系書体には「ゴシック体」丸ゴシック体などがある。主に見出し等に使用される（図8.1）。

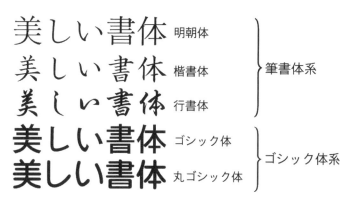

図8.1　書体

筆書体系には、①文字の縦線に比べ横線が細い②筆書きの特徴を残した「打ち込み」や「止め」という特徴がある。
　ゴシック体系には、①縦線と横線の比率がほぼ同じ②飾りが少ないという特徴がある（図8.2）。

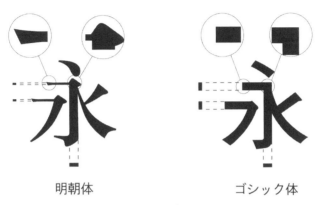

図 8.2　明朝体とゴシック体

　書体はそれぞれの表情を持ち、美しさ、優雅さ、読みやすさを追求してデザインされてきた。
　UDフォントは従来のデザインコンセプトに、ユニバーサルデザインの視点を加えて開発された新しいジャンルの書体である。「健常者にも弱視や老眼でも見やすい」を目的にしている。

8.1.2　ユニバーサルデザインフォント（UDフォント）の開発
(1)　開発の経緯
　UDフォント開発はパナソニック株式会社の要望からスタートした。
　「リモコンの文字が見えにくい」「表示文字がつぶれて良く見えない」などユーザーから寄せられた声が開発のきっかけになった。
　まず、見えにくいことの検証や文献調査が行われた。国内外での実地検証（図8.3）や、デザイナー・アドバイザーの声をまとめ基本仕様が策定された。

－家庭照明でも白内障の方が十分に見える表示基準を作成－

製品操作に関する表示用語の視認性基準
☆視認性の評価

●照度（鉛直面）
30 lx
300 lx

●評価軸
確実に読める
だいたい読める
努力すれば読める
見えるが読めない
全く見えない

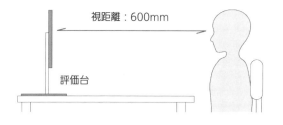

松下電器産業㈱殿ご提供資料

図 8.3　評価環境と条件

見やすい書体の基本仕様は2点。
・縦横の線幅比率が同じ
・線の始点、終点が直角に切り落とされている

この基本仕様をベースに使用環境を考慮した工夫を加え、フォントメーカーの株式会社イワタがUDフォントを完成させた（**図8.4**）。

(2) 見えにくいとは

「見えにくい」とはどんな状態だろうか。①文字がつぶれてしまう。②細い線が飛んで見えにくい。③数字の3と8のように、デザインの似た文字の違いがわかりにくいなど。

この症状は老眼や白内障は老化によって引き起こされるものが多い。

老眼はレンズの柔軟性の低下と筋力の低下による。また、白内障はレンズの白濁による。

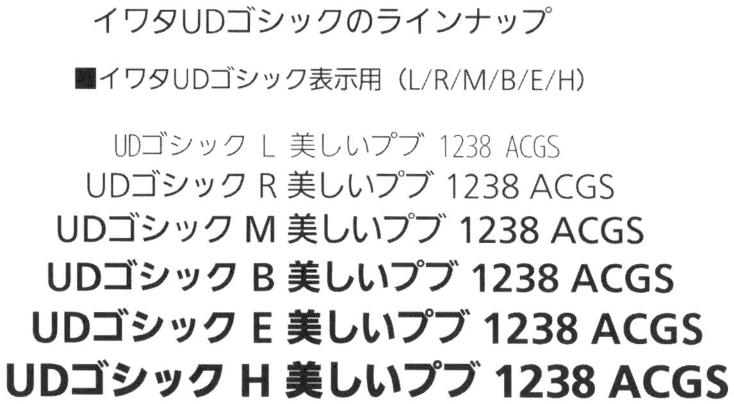

イワタUDゴシックのラインナップ

■イワタUDゴシック表示用（L/R/M/B/E/H）

UDゴシック L 美しいプブ 1238 ACGS
UDゴシック R 美しいプブ 1238 ACGS
UDゴシック M 美しいプブ 1238 ACGS
UDゴシック B 美しいプブ 1238 ACGS
UDゴシック E 美しいプブ 1238 ACGS
UDゴシック H 美しいプブ 1238 ACGS

図8.4　イワタUDゴシック体

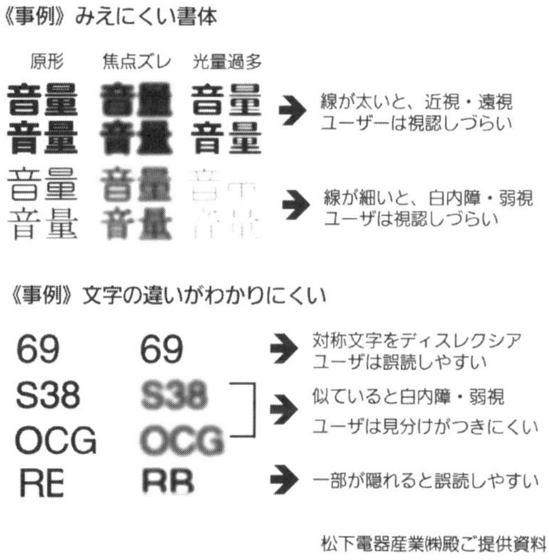

《事例》みえにくい書体

原形　　焦点ズレ　光量過多

音量　音量　音量　→ 線が太いと、近視・遠視
音量　音量　音量　　ユーザーは視認しづらい

音量　音量　音量　→ 線が細いと、白内障・弱視
音量　音量　音量　　ユーザは視認しづらい

《事例》文字の違いがわかりにくい

69　　69　　→ 対称文字をディスレクシア
　　　　　　　ユーザは誤読しやすい
S38　S38　→ 似ていると白内障・弱視
OCG　OCG　　ユーザは見分けがつきにくい
RE　　RB　→ 一部が隠れると誤読しやすい

松下電器産業㈱殿ご提供資料

図8.5　見え方

いずれも40歳を超したほとんどの人たちが経験する症状である（**図8.5**）。

8.1.3　ユニバーサルデザインフォントの特徴

(1) 基本仕様

UDフォントは4つの書体評価ポイントと、見易さの調査結果を元に具体的

仕様を策定した。

【評価ポイント】

①視認性：文字1つ1つを構成する要素が視認しやすいこと

②判別性：誤読しにくく他の文字と判別しやすいこと

③デザイン性：外観のシンプルさ・美しさ・整理・整合性を保つこと

④可読性：文字列になったときの単語、文章の読みやすさ

【老眼でも見易い基本】

①縦横の線幅に変化が少ないこと

②つぶれにくいこと

③シンプルなシルエットを持つ

上記によりUDフォントは、線幅の縦横比の変化が少ないゴシック体を基本とした。

(2) 主な特徴

①字面（じづら）の有効利用と部首の最適化（図8.6）

- 従来と同じ文字サイズでも、大きく見せるために字面いっぱいにデザインする。
- 認識しやすくするため、部首の要素を大きくとる。

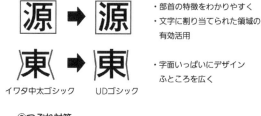

図8.6　部首と字面の最適化

文字には文字のサイズを表す「ボディサイズ」と、文字の実寸を表す「レターフェイス（字面）」がある。

「東」という文字は、ボディサイズに最大限許される範囲までレターフェイスをとることで文字サイズは同じでも、大きく見えてつぶれにくいを実現した。

②つぶれ対策
- 文字を大きくデザインすることのほか、濁点や半濁点文字は親文字にも手を加え、明確に判別できるようにした。

③画線のシンプル化（図8.7）
- 文字の骨格をシンプルに、複雑な要素を整理する

口の下の飛び出しを整理することで、ぼやけの解消だけでなく、ベースラインを下げることができ、文字を大きくデザインすることが可能になった。

④欧文・数字の見直し（図8.7）

ギャップとホールを確保することで文字の違いを明確にし、判別性を高めた。

これ以外にも、和文と欧文/数字の高さを揃えバラツキ感をなくすなどの細かい工夫が施されている。

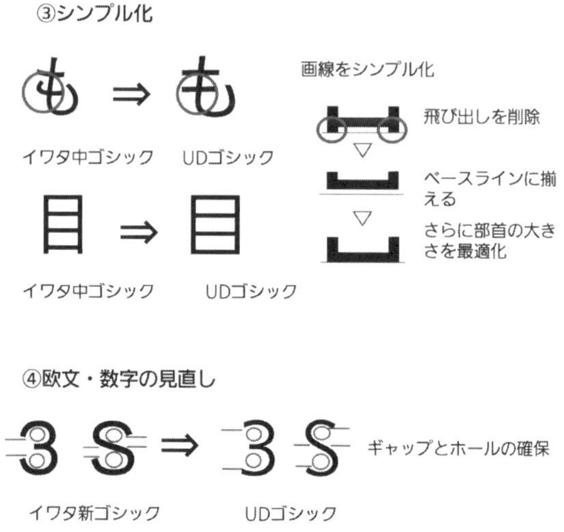

図8.7　画線のシンプル化、見直し

(3) **UDフォントの効果**

UDフォントを使用することで、情報量を減らさず見やすさを向上することができる。

従来の書体に比べ、文字全体が大きく、見やすくなる。特に数字の視認性・判別性が上がり、誤読を防ぐ効果が出ている。

8.1.4　ユニバーサルデザインフォント採用事例と進化

(1) **採用事例**

パナソニック株式会社では、家電製品の操作表示パネル（リモコン）などの文字として2006年より採用されている（**写真8.1**）。

パナソニック㈱殿ご提供資料

写真 8.1　採用事例

また、旅行パンフレット、チラシ、私鉄各社、預金通帳、広報誌など、数多くの印刷物や看板で採用されている。

(2) **UDフォントの進化**

当初UDフォントはゴシック体として開発された。しかし、市場の要求により、

UD丸ゴシック体、UD明朝体、UD新聞明朝体など数多くの書体バリエーションが広がってきている。

特に、信濃毎日新聞社（長野）では、読者の高齢化に対応するため株式会社イワタと共同で「UD新聞明朝体」「UD新聞ゴシック体」を開発した。

明朝体の特徴である細い横線を太めた他、文字デザインとサイズにもこだわり、従来の新聞書体より締まって見えることで、読みやすさを実現した。

50種類以上の試作から絞り込み、読者調査を綿密に行った結果である。

文字が大きければいいということでなく、「読者」と「見る環境」を考慮することで最適な効果を上げた例である。

フォントメーカー各社が競ってUDフォントを開発しており「UDフォント」も今後書体数を増やしてゆくことと思う。

8.2 非文字情報（ピクトグラム）

8.2.1 言語に頼らない伝達

ユニバーサルデザインに配慮した情報伝達手段の1つとしてピクトグラムがある。ピクトグラムとは視覚的な図（絵）によって直感的に情報を伝えるために用いられる。

言語に頼らないコミュニケーション手段として重要な手法の1つである。

ピクトグラムは、明度の違う2色を使用することで誰にでも作成することができる。パソコン・携帯電話などで使用されるアイコンも広い意味ではピクトグラムとも言える。

8.2.2 シンボルマーク

ピクトグラムの規格化は1909年にヨーロッパで、国際道路標識として4つの図記号が制定されたことで始まる。道路や鉄道が国境をまたぐヨーロッパでは、言語に頼らない表示が必要だった。日本においては、東京オリンピック（1964年）を契機に本格的な使用が始まった（図8.8）。

図8.8　東京オリンピック

図8.9　非常口

その後、さまざまな方面で開発が進み、1982年に日本で制定された「非常口」（図8.9）は、1987年国際規格ISOに組み込まれ国際標準となった（ISO6309：1987）。

現在ISOでは57項目が規格化されている。

日本工業規格（JIS）では2002年に「標準案内用図記号」として110項目が規格化された。JIS Z 8210：2002（図8.10）。この後2度追補されている。

お手洗い
Toilets

救護所
First aid

レストラン
Restaurant

忘れ物取扱所
Lost and found

図 8.10　標準案内用図記号

2007年「洪水関連図記号」JIS Z8210：2007（図8.11）

2009年「津波関連図記号」JIS Z8210：2009（図8.12）

ピクトグラムは一つの「図」で情報を伝達するシンボルマークとして扱われている。

洪水
図 8.11

堤防
図 8.12

8.2.3 コミュニケーションツール

　前項で取り上げた「図記号」（シンボルマーク）としてのピクトグラムだけでなく、複数の「絵記号」を組み合わせて双方向のコミュニケーションをはかるピクトグラムも標準化されている。

おなかが痛い
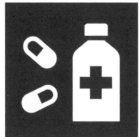
薬

欲しい

図 8.13　コミュニケーション支援用絵記号

　「コミュニケーション支援用絵記号デザイン原則」JIS T0103：2005である。313個の「絵記号」と作図（使用）方法で構成される。2005年に標準化された。この「絵記号」は、例えば次のように使用できる。
　「おなかが痛い」ので「薬」が「欲しい」（図8.13）。
　「図記号」に含まれなかった「情緒」や「状態」「意思」などが含まれている。313個の「絵記号」は6つに大分類されている。
　「人物・動物」「動き・様子」「飲食物」「家の中（身の回り）」「家の外」「文化・社会」である。さらにその中を「人物」「職業」など細分類されている（図

図8.14 コミュニケーション支援用絵記号

8.14)。

※「コミュニケーション支援用絵記号デザイン原則」JIS T0103：2005のデータは、㈶共用品推進機構のサイトから無償でダウンロードできる。
http://www.kyoyohin.org/06_accessible/060100_jis.php

　言語に頼らずにコミュニケーションをとらなければならない必要性は外国人に限らない。発声障害や知的障害、身体障害など、さまざまな障害を持つ人々にも必要とされている。

　「コミュニケーション支援用絵記号デザイン原則」が標準化された後、多くの団体で様々なコミュニケーションツールが制作されている。

　その1つの例に、全国知的障害養護学校校長会・㈶明治安田こころの健康財団が制作した「コミュニケーション支援ボード」がある（**図8.15(1)**）。2003年

図 8.15(1) コミュニケーション支援ボード

どうしましたか？ MAY I HELP YOU?
무슨 일이세요? 怎么了

コミュニケーション支援ボード
Communication support board
커뮤니케이션 지원 보드／交流支援板

おとした
I lost something.
떨어뜨렸다／丢东西了

ひろった
I picked it up.
주웠다／捡到了

とられた
It was taken.
빼앗겼다／被拿走了

まいごになった
I am lost.
길을 잃었다／迷路了

みちをおしえて
Please show me the way
길을 가르쳐 주세요／
请告诉我怎么走

きぶんがわるい
I feel ill.
몸이 아프고 불쾌하다／不舒服

なぐられた
I was hit.
맞았다／被打了

ちかんにあった
I was sexually molested.
치한을 만났다／遭到非礼

こうつうじこにあった
I was in a traffic accident.
교통 사고를 당했다／
遭到交通事故

はい・ある
Yes／I have it.
네／是

いいえ・ない
No／I don't have it.
아니오／不是

わからない
I don't understand
모른다／不明白

図 8.15(2) 警察版コミュニケーション支援ボード

図 8.15（3）　警察版コミュニケーション支援ボード

から全国の特別支援学校約1000校に配布され効果をあげている。
　また、身近な例では「警察版コミュニケーション支援ボード」が2008年から全ての交番、パトカーに配備されている（**図8.15**(2)(3)）。
　外国人・障害者・高齢者・幼児などとのコミュニケーションに利用されている。
- 交番を訪ねた外国人から「財布と携帯電話を電車内で紛失した」と聞き出し帰国までに返還できた。
- 苦しむ聴覚障害者が「おなかがすごく痛い」と表現し救急車で搬送できた。

など、非常に高い効果を上げている。

コミュニケーション支援ボードは、下記よりダウンロードできる。
公益財団法人　明治安田こころの健康財団
http://www.my-kokoro.jp

8.2.4　ピクトグラムの発展性

　ピクトグラムは、明度差のある2色（例えば白・黒）を使用すれば誰でも制作することができる。オリンピック競技の表示や医薬品の使用方法など多岐にわたる。
　2010年に横浜で開催されたAPEC（アジア太平洋経済協力会議）のホテルで採用された「食材ピクトグラム」もその例の1つである（**図8.16**）。
　食物成分を外国人にもわかるように記載し、食物アレルギーや宗教上の食物禁忌に触れないかどうかの目安の1つとされた。
　出席者の宿泊するホテルのメニューに採用され大きな成果を上げたと評価されている。
　このピクトグラムは民間企業大川印刷㈱とNPO法人インターナショクナルの共同プロジェクトによって制作された。

　このように言語や障害の垣根を越えた表示やコミュニケーションを可能にす

食材ピクトグラム

Food pictograms

©INTERNASHOKUNAL+NDC Graphics

図 8.16(1)　食材ピクトグラム

るピクトグラムは、ユニバーサルデザインの要としてこれからも発展すると期待されている。

しかし、ピクトグラムの使用にあたり注意しなければならないことがある。

「ピクトグラムに対応する文字（説明）を適切に使用する」ことである。イラストが表す意味の誤認を防ぐ必要があるからである。

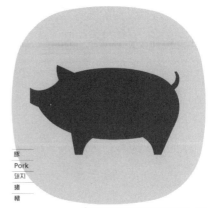

図 8.16(2)　食材ピクトグラム

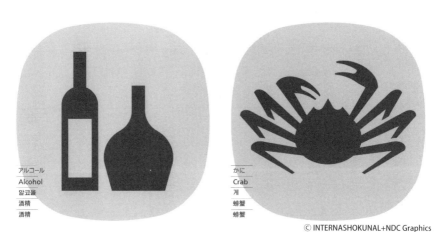

図 8.16(3)　食材ピクトグラム

8.3　文書表現

8.3.1　レイアウトと組版

　視覚を通じた情報伝達を行う際、正確に伝えるための「読みやすさ」「わかり易さ」に最も重要なことはレイアウトデザインである。

レイアウトデザインとはすなわち
①記事情報の価値を判断し、優先度の高い順に最適な場所に配置する。
②内容を簡潔に表現する「タイトル（見出し）」を付け、読者の読む意識を刺激する。
③記事内容やレイアウト条件に応じた最適な書体を選択する。
ことである。
　そのレイアウトを決めた記事を、さらに最適に配置する作業を「組版」という。
　印刷会社や新聞社などの専門業界では、活字の時代から時間をかけ読みやすく配置するためのさまざまなルールを編み出してきた。そのルールにのっとった作業が組版である
　現在はWordやExcelを利用しながら、多くの人たちが専門家によらず「レイアウト」「組版」を行っている。本章では、読みやすい組版の基本を記述する。

8.3.2　読みやすさの基本
　読みやすい組版のポイントは2つある。
　①文字サイズと書体の選定
　②行長と行間の取り方
　である。

【用語解説】
- 『文字サイズ』とは、文字そのものの大きさを示し、一般的には「ポイント（p）」の単位で示す。
- 『書体』とは「明朝」や「ゴシック」など文字自体のデザインを言い表す。同じ「明朝」でも、書体によって太さ、デザインが異なる。
- 『行長』とは、1行の長さをいう。1行に並ぶ文字数から「○字詰」などと表現する。
- 『行間』とは行と行との間隔をいう。詳細は図を参照してほしい（図8.17）。

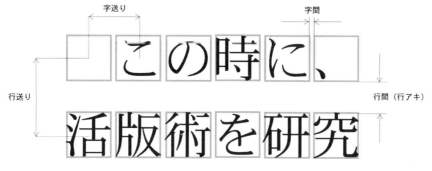

図 8.17

行間にかわり『行送り』という単位も使われる。

8.3.3　文字サイズと書体の選定

【文字サイズ】

「高齢者には12ポイントが望ましい」という一般論がある。また、金融・保険約款、医薬品文書などには「8ポイント以上を使用」という規定も存在する。

しかし、これは書体によって見え方が大きく違うこともあるので注意が必要である（図8.18）。

JISによる文字サイズ推定計算方法も存在するが、一般的には以下のサイズをよりどころに考えても差し支えない。

（年代に適した文字サイズ）（本文用）
- 青壮年者　7～8ポイント
- 小学校中高学年・高齢者　9～10ポイント
- 小学校低学年　13ポイント
- 幼児　17～23ポイント

※個人差や見る条件（明るさなど）により変化するので注意が必要。

イワタUD明朝体

私はその人を常に先生と呼んでいた。だからここでも
ただ先生と書くだけで本名は打ち明けない。これは世間
を憚る遠慮というよりも、その方が私にとって自然だか
らである。私はその人の記憶を呼び起こすごとに、すぐ「先
生」と言いたくなる。筆を執っても心持ちは同じである。
これは世間を憚る遠慮というよりも、その方が私にとっ
て自然だからである。私はその人の記憶を呼び起こすご

DF楷書体

私はその人を常に先生と呼んでいた。だからここでも
ただ先生と書くだけで本名は打ち明けない。これは世間
を憚る遠慮というよりも、その方が私にとって自然だか
らである。私はその人の記憶を呼び起こすごとに、すぐ「先
生」と言いたくなる。筆を執っても心持ちは同じである。
これは世間を憚る遠慮というよりも、その方が私にとっ
て自然だからである。私はその人の記憶を呼び起こすご

図 8.18　文字サイズは同じ

【書体】

書体は記事内容により適切なものを選択する。

①公式な文書や、長文で読ませるものは明朝体。

　やわらかく伝えたいものは、ゴシック体系、丸ゴシック体系も良い。

　丸ゴシックは比較的読みやすい。

②見出し書体は、記事内容にあわせてゴシック体系や、デザイン（POP）系。

③レイアウトの関係で文字サイズが小さい場合は、UD書体を選択する。

※全てをUD書体で構成することは避けたい。

　デザイン的に抑揚のないものになりがちなため。

8.3.4　行長と行間

行長（字詰）と行間には、読みやすさに関わる密接な関係がある。

【1行が20字詰の場合】
- 行間は文字サイズの1／3～1／2あけるのが望ましい。

【1行が40字詰の場合】
- 行間は文字サイズの3／4～1文字分あけるのが望ましい。

1行が長い場合行間をより多くとる。視線を次の行頭に戻す際、行間が空いている方が視線のふらつきが少なくなることが理由である（図8.19）。

8.3.5　読者の環境を考慮する

文書の形態は様々である。書籍・雑誌・チラシ・報告書などな、多種の書類が氾濫している。レイアウトも多様であるため、それを1つのルールで縛ることは難しい。

しかし「組版」においては、一定のルールを守ることで読みやすさを確保することは可能である。

ただ、最も重要なことは「誰が（年齢考慮）」「どこで（明るい/暗い）」読むのかを制作する側が想像し配慮することである。

それにより、より多くの人にわかり易い情報を提供することができる。

ここに記載した手法は紙媒体に限らず、文字サイズや行間をコントロールできる媒体（Webなど）で利用することは可能である。

8.4　ウエブアクセシビリティにおける文字組版の解説補助

Webページのユニバーサル化については2004年に公開された「JIS X 8341-3 高齢者・障害者等配慮設計指針―情報通信における機器、ソフトウェア及び

9pt ＭＳ明朝 21字詰

× 行間 0アキ

　私はその人を常に先生と呼んでいた。だから
ここでもただ先生と書くだけで本名は打ち明け
ない。これは世間を憚かる遠慮というよりも、
その方が私にとって自然だからである。私はそ
の人の記憶を呼び起すごとに、すぐ「先生」と
いいたくなる。筆を執っても心持は同じ事であ

△ 行間 1/4 アキ

　私はその人を常に先生と呼んでいた。だから
ここでもただ先生と書くだけで本名は打ち明け
ない。これは世間を憚かる遠慮というよりも、
その方が私にとって自然だからである。私はそ
の人の記憶を呼び起すごとに、すぐ「先生」と
いいたくなる。筆を執っても心持は同じ事であ

○ 行間 1/3 アキ

　私はその人を常に先生と呼んでいた。だから
ここでもただ先生と書くだけで本名は打ち明け
ない。これは世間を憚かる遠慮というよりも、
その方が私にとって自然だからである。私はそ
の人の記憶を呼び起すごとに、すぐ「先生」と
いいたくなる。筆を執っても心持は同じ事であ

○ 行間 1/2 アキ

　私はその人を常に先生と呼んでいた。だから
ここでもただ先生と書くだけで本名は打ち明け
ない。これは世間を憚かる遠慮というよりも、
その方が私にとって自然だからである。私はそ
の人の記憶を呼び起すごとに、すぐ「先生」と
いいたくなる。筆を執っても心持は同じ事であ

△ 行間 2/3 アキ

　私はその人を常に先生と呼んでいた。だから
ここでもただ先生と書くだけで本名は打ち明け
ない。これは世間を憚かる遠慮というよりも、
その方が私にとって自然だからである。私はそ
の人の記憶を呼び起すごとに、すぐ「先生」と
いいたくなる。筆を執っても心持は同じ事であ

9pt ＭＳ明朝 45字詰

× 行間 1/3アキ

　私はその人を常に先生と呼んでいた。だからここでもただ先生と書くだけで本名は打ち明けない。
これは世間を憚かる遠慮というよりも、その方が私にとって自然だからである。私はその人の記憶を
呼び起すごとに、すぐ「先生」といいたくなる。筆を執っても心持は同じ事である。これは世間を憚
かる遠慮というよりも、その方が私にとって自然だからである。私はその人の記憶を呼び起すごとに

△ 行間 1/2アキ

　私はその人を常に先生と呼んでいた。だからここでもただ先生と書くだけで本名は打ち明けない。
これは世間を憚かる遠慮というよりも、その方が私にとって自然だからである。私はその人の記憶を
呼び起すごとに、すぐ「先生」といいたくなる。筆を執っても心持は同じ事である。これは世間を憚
かる遠慮というよりも、その方が私にとって自然だからである。私はその人の記憶を呼び起すごとに

○ 行間 3/4アキ

　私はその人を常に先生と呼んでいた。だからここでもただ先生と書くだけで本名は打ち明けない。
これは世間を憚かる遠慮というよりも、その方が私にとって自然だからである。私はその人の記憶を
呼び起すごとに、すぐ「先生」といいたくなる。筆を執っても心持は同じ事である。これは世間を憚
かる遠慮というよりも、その方が私にとって自然だからである。私はその人の記憶を呼び起すごとに

○ 行間 1/1(全角)アキ

　私はその人を常に先生と呼んでいた。だからここでもただ先生と書くだけで本名は打ち明けない。
これは世間を憚かる遠慮というよりも、その方が私にとって自然だからである。私はその人の記憶を
呼び起すごとに、すぐ「先生」といいたくなる。筆を執っても心持は同じ事である。これは世間を憚
かる遠慮というよりも、その方が私にとって自然だからである。私はその人の記憶を呼び起すごとに

○・・・好ましい行間　△・・・許容される行間　×・・・好ましくない行間

図 8.19　行長と行間の適正値

サービス－第3部：ウェブコンテンツ」（以降、JIS X 8341-3と略す）やW3Cを基準に、各企業や制作プロダクションなどが率先して取り組んでいる。しかしこれらの基準は相当広範な専門分野に関わっており、規格書だけでは理解が及ばないこともあり得る。

本論はJIS X 8341-3の文字組版にかかわる条項に焦点をあて、この条項の解説補助を行う。文字こそ情報の要であり、また可読性（読みやすさ）の要素を理解する為には一定の専門知識が必要だからである。

なお対象としたJIS X 8341-3の項目は、JIS X 8341-3：2010　8.1.4.8「視覚的な表現に関する達成基準」のb)、及びd)、及びe)　である。

8.4.1　行長について　条項のb)の解説

条項文

「1行の長さを、半角文字（英数字以外も含む）で80文字以内（日本語、中国語及び韓国語40文字以内）に納めることができる。」

(1)　行長の解釈について

Webページにおける1行の字数を日本語の場合、40字以内に納めることを目標とせよ、ということである。その配列の条件や、文字サイズなどの条件を記載していないので、"どのような場合でも配慮せよ"ということになる。

ブラウザのウィンドウ幅いっぱいに文字が配列されていても、特定のサイズのテキストボックスに文字が配列されていても、文字サイズがどのようなものでも、ということである。これを実際に検証してみると次のようになる。

まず文字サイズを"medium"とする。これは絶対値換算で概ね12ptである。

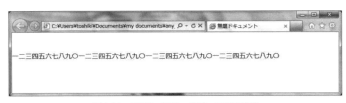

図8.20　SVGA（800×600）の表示状態

図8.21　WXGA（1280×800）の表示状態

これをピクセルに換算すると、モニタ解像度が96dpiなので1ptが約1.33ピクセルとなり、12ptは約16ピクセルとなる。従って1行40字の長さは16ピクセル×40字=640ピクセルとなる。

これはSVGA（800×600）で横方向80%（**図8.20**）、現在主流となりつつあるワイド画面のWXGA（1280×800）においては横方向50%の領域を占めることになる（**図8.21**）。

Webページにおいて実際には左右に適度な余白を持たせるので、SVGAではブラウザ画面一杯にテキストを配置してちょうど良い状態になる。しかしWXGAにおいては画面の約半分までしか行が届かないことになるので、コンテンツのステージサイズ、段組の採用や画像との適切な組み合わせなど工夫が必要である。しかし、デザインをふるえる余地が拡大するので歓迎すべきことだろう。

(2) 行長と行間の関係について

可読性において、行長は行間（行間：後述）に関係する。

行長が適正でも行間がゼロであれば可読性は保たれない。行長は長くなればなるほど行間を多くとる必要がある。すなわち行長と行間は相関関係がある。

※行長と行間の関係については「8.3.4　行長と行間」項（図版を含む）を参照。

行間の調整はピクセルなどの絶対値ではなく、emや%で指定すべきである。これは後述の条項e）に関係する。テキストのサイズを「大」にしたとき、行間が絶対値によって固定されていては、行長と行間の関係が保たれなくなってしまうからである。

(3) 文字サイズについて

Webページでは文字サイズを変更することが可能（可能でなくてはならない）なので、本条項では文字サイズには言及しない。

ただし、文字サイズを"small"にすれば1行当たりの文字数が増えることになるので、テキストエリアのサイズを検討する必要がある。
　Webページ本文の文字サイズをまず規定し、これに応じたレイアウトデザインを進めるべきである。

8.4.2　行送りについて　条項の d)の解説
条項文
「段落中の行送りは、少なくとも1.5文字分ある。かつ、段落の間隔は、その行送りの少なくとも1.5倍以上ある。」
(1)　「行送り」について
　「行送り」というのは文字のセンターから次の文字のセンターまでの距離を言う。別な言い方をすれば、文字のボディーサイズ（文字が設計されている文字枠。実際には見えないが文字サイズなどのコントロールはこの仮想ボディに対して行われている。）の端から端までの距離である。
　行間は"行送り－文字サイズ"と言うことになる。

【ボディーサイズとレターサイズ】
　図8.22の"ボディーサイズ"は文字がデザインされる領域であり文字サイズを表す。印刷面として実際に見える領域は"レターサイズ"である。
「メディア・ユニバーサルデザイン3級MUDアドバイザー講義テキスト（文字組版編）」より抜粋。
【行送りと行間】
　図8.17に行送りと行間の関係を示す。字送り及び字間も同様である。
　※行長と行間の関係については「8.3.2　読みやすさの基本」項（図版を含む）を参照。
　Webページの行送りのプロパティは「line－height」である。
　字送りのプロパティはない。
　規格では1.5倍以上とあるので、印刷用語で言えば行間半角アキ、line－

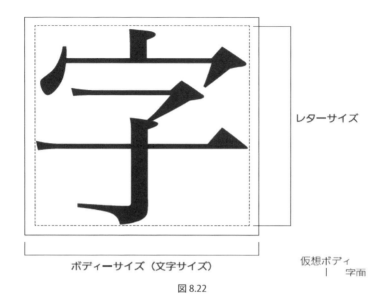

図 8.22

height指定で言えば150%、あるいは1.5emという相対値となる。

　前述の行長40字に当てはめているとやや乏しい気がするが、"少なくとも"としているので概ね妥当と言える。

　ちなみにWordの行送りのデフォルト値は約1.75倍（line－height175%または1.75em）である。

8.4.3　条項の e) の解説

条項文

「支援技術を用いなくても、テキストのサイズを200%まで変更できて、利用者が全画面表示にしたウィンドウで1行のテキストを読むときに横スクロールする必要がない。」

(1)　「支援技術を用いなくても」、ということについて

　特別なプラグインソフトを利用しなくても、ブラウザ標準機能の文字拡大／縮小機能で対応可能。またはWebページそのものに拡大縮小のソフト的な機

能を設置することなどを示す。

【例：東京都のホームページ】

文字サイズの他、背景色の変更も配慮されている（**図8.23**）。

この実現ために、文字サイズの指定をピクセル（px）やポイント（pt）などの絶対値ではなく、small、mediumやlargeのような相対値による指定が必要である。また同時に行間指定（行送り指定）の配慮も必要であることは前述のとおりである。

図8.23

(2) "1行のテキストを読むときに横スクロールする必要がない"、ということについて

ブラウザ閲覧において横スクロール不用であることは基本的な要件である。また"全画面表示したウィンドウで"と条件づけていることから、Webページの横幅サイズはPCモニタの横幅を考慮して決めるよう勧めていると思われる。

ただしWebページというメディアには、閲覧環境（PCの種類やディスプレイ解像度）を特定できないという重大な特性がある。特に近年はメーカごと様々な画面サイズのスマートフォンやタブレット端末が急速に浸透しており、不特定さを更に助長させている。

これらはPC用に作られたWebページの全体表示はできるものの、かなりの縮小を強いられるため、ピンチアウトして拡大することになる。必然的に画面端でのテキストの折り返しはなく、可読性を損なう結果になる。

【固定幅のページサンプル：一般PC画面】

１行40字表示になるようにテキストエリアを作ったケースである。ほとんどのPCではディスプレイ内に収まるので、横スクロールは必要ない（図8.24）。

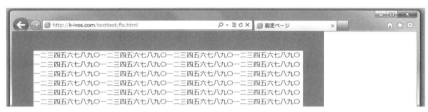

図 8.24

【固定幅のページサンプル：スマートフォン画面（横幅320ピクセル）】

図8.25は同じWebページをスマートフォンで表示させ、さらにピンチアウトした場合のシミュレーションである。

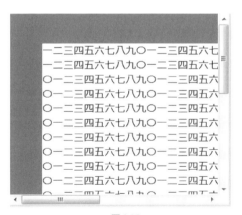

図 8.25

この例では右端が欠けてしまい横スクロールが必要になる。

このため最近では「リキッド」という方法でWebページが作られる傾向にある。Webページの横幅を絶対値で指定するのではなく、％などの相対値指

定で行う。この方法であれば場面サイズに関係なく、全てのテキストが表示される。

その反面、タイトルや画像のレイアウトが固定できないため、デザイン的な不自由さを感じる。

【リキッドページのページサンプル：一般PC画面】

この例は固定幅のページと比較できるように、ブラウザ画面に対し100%のテキストエリアとしている。常にブラウザの横サイズに従うので横スクロールは発生しない（図8.26）。

図 8.26

【リキッドページのページサンプル：スマートフォン画面（横幅320ピクセル）】

図8.27は同じWebページをスマートフォンで表示させた場合のシミュレーションである。画面の横サイズに従うためテキストは右端で折り返される。

8.4.4 今後の動向

ウエブアクセシビリティにおける文字組版において、今後の動向を示すキーワードは次の二つであると考える

(1) ウエブフォント

2011年の中頃から台頭してきたフォントサービスで、印刷書体をそのままブラウザ上で表示できる。ユーザはウエブフォント提供会社と契約し、提供会社のサーバを経由してフォント表示する。欧米ではかなり以前から利用されているサービスであるが、日本語フォントの文字数の多さに起因する技術的問題

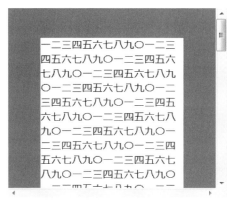

図 8.27

等によりほとんど普及されなかった。

　WEBでリアルなフォントを使用できることで表現力が向上するが、反面文字組版の精度と品質の向上が求められることになるだろう。

(2) W3Cによる日本語組版の英訳化

　2011年11月29日「日本語組版処理の要件（日本語版）W3Cワーキングドラフト」が発表された。これは国際標準として日本語組版がプログラム化される、すなわちCSSの新しいバージョンとして普及される可能性を示唆している。禁則処理やぶら下げ、ルビ組みなどという複雑な日本語組版がWeb上で表現できる可能性がある。

　これら二つの技術は可読性の面でウエブアクセシビリティに大きく貢献するとおもわれる。

参考文献
1) JIS X 8341-3 高齢者・障害者等配慮設計指針－情報通信における機器、ソフトウェア及びサービス－第3部：ウェブコンテンツ（2010年版：2010/08/20）
2) 日本語組版処理の要件（日本語版）W3C ワーキングドラフト 2011 年 11 月 29 日
3) メディア・ユニバーサルデザイン3級 MUD アドバイザー講義テキスト（文字組版編）特定非営利活動法人メディア・ユニバーサル・デザイン協会

コラム　急須は左利きには万事休す

　お茶を入れるための急須。蓋を取って茶葉を入れ、お湯を注いでしばらく待って。さあ湯飲みにお茶を注ごうとすると…右手で持って手前に注ぐ。これを左手で持つと…お茶は向こう側に向かって注ぐ形になり、極めて行儀が悪い！
　結局急須は右手専用品、日本的作法はユニバーサルデザインではないのかな。

コラム　エスカレータになぜスタンドと歩行のサインがないのか

　エスカレータは、動く階段、乗っているだけで、上ったり、下りたり、大きな荷物があるときなど楽に移動できるので、とても便利なものです。しかし、急いでいる人は、たとえ、近くに階段があったとしても、エスカレータの右側を歩いて登ったり、下りたりしています。また、ヨーロッパでは、日本と反対側の左側を登ったり、下りたりしています。
　エスカレータは、階段に比較して段差が大きく、危険なので、安全確保のため歩いて登り降りすること推奨しないため、歩行のサインはないのです。しかし困りますね。

第9章
第三者への安全配慮を施す設計
～キッズデザインの事例

　より便利、より高機能を目指すと同時に、製品やサービスを利用する人の立場に立って設計を進める人間中心設計や人間工学に触れてきたが、我が国発の新たなユニバーサルデザインの視点として、直接の利用者ではない第三者にも気遣う必要性とその動向について紹介する。

9.1 直接のユーザーではない子どもへの配慮

　ある製品のユーザビリティやインターフェイスは基本的にその製品のユーザーへ向けられるものであり、そこにはユーザー自身の身体特性、利用価値評価が反映されている。しかし、より広義でユニバーサルデザインを考える時にもう一点、考慮すべきポイントがある。それは第三者への配慮、具体的には"子ども"である。特に乳幼児期の子どもはさまざまなものに興味関心を持つ。それが危険源に触れたり、異物を口に入れたり、危ない場所を覗きこんだりといった行為にもつながる。これは子どもの発育発達の過程におけるごく自然な行為であり、そこには誤使用という概念は存在しない。

　厚生労働省の「平成23年度人口動態統計」では子どもの死亡原因の0歳における第3位、1～19歳における第1位は「不慮の事故」である。実はこの順位は我が国において1960年以降、50年以上にわたってほとんど変わってい

表9.1　0歳から19歳までの子どもの死因順位（最近10年間）

	第1位		第2位		第3位		第4位		第5位	
	死因	死亡数	死因	死亡数	死因	死亡数	死因	死亡数	死因	死亡数
平成14年	不慮の事故	1819	先天奇形等	1682	悪性新生物	582	呼吸障害等	536	自殺	445
平成15年	不慮の事故	1557	先天奇形等	1448	自殺	567	悪性新生物	551	呼吸障害等	484
平成16年	不慮の事故	1489	先天奇形等	1479	自殺	549	悪性新生物	547	呼吸障害等	421
平成17年	不慮の事故	1405	先天奇形等	1289	自殺	510	悪性新生物	494	呼吸障害等	413
平成18年	先天奇形等	1248	不慮の事故	1235	自殺	576	悪性新生物	523	呼吸障害等	389
平成19年	先天奇形等	1303	不慮の事故	1116	自殺	502	悪性新生物	452	呼吸障害等	376
平成20年	先天奇形等	1233	不慮の事故	1016	自殺	564	悪性新生物	477	呼吸障害等	378
平成21年	先天奇形等	1085	不慮の事故	958	自殺	512	悪性新生物	436	呼吸障害等	361
平成22年	先天奇形等	1156	不慮の事故	933	自殺	514	悪性新生物	459	呼吸障害等	341
平成23年	不慮の事故	1874	先天奇形等	1110	自殺	583	悪性新生物	449	呼吸障害等	320

（厚生労働省「人口動態統計」より作成）

ない（表9.1）。さらに不慮の事故の詳細を見ると、0～4歳においては交通事故や自然災害を除けば、窒息、溺死、転倒転落、中毒、火災など家庭や身近な場所で発生する事故による傷害が多い。死亡事故以外にも治療・入院を必要とする重篤な事故、軽微なけが、さらにいわゆる"ひやりはっと"までも含めば、相当数の子どもたちが危険にさらされていることは明白である。

　子どもの視点に立ち、重篤な子どもの事故を防ぎ、健やかな成長を支援するものづくり、環境づくりをデザインによるアプローチで実現しようとしている活動が"キッズデザイン"である。

　キッズデザインの最も特徴的な点は、遊具、玩具などの子ども向け製品はもちろんだが、子どもが直接のユーザーではない一般製品や空間・環境においても、第三者である子どもがそれに接した場合を想定して安全設計を施そうとしていることにある。製品特性、特に安全性については、第三者である子どもに対しても"ユニバーサル"であること、これが日本発の新たなデザインの考え方である。

9.2　子ども特有の行動特性、心理特性とデザイン

　こうした状況を招く原因は前述した通り、子ども特有の行動特性、心理特性に起因するものが多い。経験や知識がまだ十分でなく、手足が短く頭が重い身体を持つ子どもは大人が思いもしないような行動や態勢でけがをすることがある。新生児として生まれた子どもは、個人差はあるものの6ヶ月くらいから寝返りや旋回を始め、7～8ヶ月でおすわり、9ヶ月でハイハイ、10ヶ月でつかまり立ち、1歳から1歳3ヶ月くらいで歩行ができるようになる。1歳半から2歳にかけては飛躍的移行期であり、食器を使う、積み木を積むなどの細かな動作が可能になるとともに、言語も発達し"ワンワン""ニャンニャン"などの表現ができるようになる。大人の真似をするいわゆる"見立て遊び"もこの時期から見られる。2歳から3歳にかけた運動能力や言語認識の発達は目覚ましく、自ら道具を使い、服を着たり、階段を登ったりできるようになる。自我

の拡大もこの時期に起こり始め、自己主張と他者受容が共存するようになる。子ども同士の物の取り合いや譲り合いが見られるのもこの時期だ。

　発育発達に伴い子どもの行動範囲が拡大するとともに、その環境に置かれた多様な製品や設備に触れる機会も増大する。ドアをドアとして、炊飯器を炊飯器としてまだ認識しえない幼児にとって、それは絶好の"遊び道具"になる。その行為の結果、不幸にも転落事故や指はさみ、やけどなどの事故につながるケースは枚挙に暇がない。白く吹き出る蒸気に興味を持ち、穴があれば指を入れ、何でも口に運ぶ。これはある時期の子どもに特有の現象であり、仮に注意喚起表示が貼付されていてもまだ文字が読めない子どもにとっては意味をなさない。デザインによる解決を目指すことが重要なのである。

9.3　キッズデザインの推進

　キッズデザインの推進においては国、研究機関、病院、自治体、民間企業が連携して実施されている。特定非営利活動法人（NPO）であるキッズデザイン協議会は、

1. 子どもたちの安全・安心に貢献するデザイン
2. 子どもたちの創造性と未来を拓くデザイン
3. 子どもたちを産み育てやすいデザイン

の三つのデザインミッションのもと、さまざまな企業・団体が業種を超えて設立された。現在、54企業、5団体、21自治体、11連携機関から構成されている（平成23年11月現在）。

　事業は大きく次の三つである。

1. 子ども目線での製品・コンテンツのデザイン開発を推進するための基礎となる「調査研究事業」
2. 協議会の理念を満たす製品・サービスをキッズデザイン賞という形で顕彰する「顕彰事業」
3. イベントやウェブサイトなどを通じてキッズデザインの理念を普及啓発

する「広報事業」

　経済産業省は「キッズデザイン製品開発支援事業」を平成22年度から24年度までの3年間で行なっており、後述する子どもの事故情報や身体特性のデータベースの整備や企業と研究機関の連携による研究プロジェクトを推進している。平成23年3月には「キッズデザインの基本的考え方」を有識者委員会とともにとりまとめ発表している。以下はその概要である。

「キッズデザインの基本的考え方」
＜キッズデザインの基本的理念＞
○子どもの視点をデザインに取り入れることで、製品・環境・サービスの価値を継続的に発展させること
・子どもは社会が守り育てるべき存在であることを認識し、常に子どもの発育・発達の視点に立ち、製品・環境・サービスを子どもの立場からも捉える。
・子どもや子育ての視点を取り入れることで製品・環境・サービスが本来持つ価値を高め、新たな製品・環境・サービスの開発につなげ、子どもが安全かつ感性豊かに育つことができる社会を築く。
＜キッズデザインの適用範囲＞
○子どもが接触しうるすべての製品・環境・サービスを対象とすること
・子どもを直接の使用者と想定した製品・環境・サービスのみならず、子どもが接触しうる可能性のあるすべての製品・環境・サービスを対象とする。
・すべての製品・環境・サービスにキッズデザインが導入できることを認識し、課題発見とその解決策を、デザインを通じて具体化する。
＜科学的根拠に基づくデザイン＞
○年齢ごとの子ども特有の身体特性、行動特性を理解し、科学的根拠に基づいたデザインを実践すること
・子どもの年齢ごとの特性を知り、製品・環境・サービスの目的に合わせて、安全性の確保、身体的発育や運動能力の向上、知識や経験の蓄積を促すデ

ザインを実践する。
- 過去の事故事例や身体寸法等のデータを、業種・分野を超えて参照、活用することで、製品・環境・サービスが子どもに与える影響を学び、デザインを実践する。

＜安全・安心－重篤な事故を繰り返さないデザイン＞
○子どもの正常な発育・発達において自然に起こり得る行為においても、重篤な事故につながらないデザインを実践すること
- 子どもを取り巻く事故が毎年同じように起こっている事実を認識する。
- 子どもの事故は予測不可能なもの（Accident）ではなく、予測可能なもの（Injury）と捉え、デザインを実践する。
- 子どもの正常な発育・発達において自然に起こり得る行為においても生命を脅かす事故、自らの危険学習につながらない重篤な事故を回避するデザインを実践する。

＜創造性－子どもたちを育むデザイン＞
○子どもの発育・発達に必要な自発的、創造的な行為を積極的に促す工夫をすること
- 子どもが感性豊かに育つきっかけとなり得る、子どもの自発的、創造的な行為を、積極的かつ直感的に行なえるよう誘発するデザインを実践する。
- 身体能力や感性、コミュニケーション能力向上の契機を与えるデザインを実践する。

＜産み育て－子どもたちを産み育てやすいデザイン＞
○子どもを産む者、子育てする者を支援し、子どもを産み育てる喜びをデザインの力で広めること
- 出産や子育てに伴う行為を製品・環境・サービスによって支援し、少子化や育児不安などの社会課題を解決し、子どもを産み育てやすい社会を実現する。

＜デザインプロセスにおける配慮＞
○製品・環境・サービスの企画、調達、生産から運用に至るまで、子どもの

発育発達を阻害する要因の排除に努めること
- 製品・環境・サービスを生み出すための企画、調達や生産プロセスにおいても、子どもの発育・発達を阻害する要因の排除に努める。
- 個別の製品やサービスの組み合わせ、あるいは製品・環境の運用についても同様の配慮を行ない、継続的な見直しと対応を実施する。

＜キッズデザインの知識循環に向けて＞
○子どもに関する情報を共有し、デザインへ還元するための協働を促すものであること
- 子どもに関する情報を社会で共有、知識化あるいはデザインへ反映することによって、子どもや子育てにとってより良い社会づくりを継続的に行なう。

このような原則に基づき、産業界ではキッズデザイン製品の開発を促進する取り組みが進んでいる。しかし、子ども特有の行動特性、心理特性を従来の製品設計に反映することはかなり困難である。特に子ども向けに特化していない製品を扱うメーカーが子どもに関する具体的な知見やデータを保有しているケースは稀である。子どもの行動特性を子ども自身に聞くことは困難であり、実際に子どもを被験者として各種の実証実験を行おうとしても、そこには高度なノウハウと膨大なコストが必要になる。つまり、子どもの事故に関するデータは実際に発生した事故に学ぶしか方法はない。さらにこれらを収集・蓄積・加工し知識化された情報のプラットフォームを構築し、産業界で共有する必要がある。

9.4 過去の事故事例に学び、科学的にアプローチする

事故情報を収集し、その事故の原因を分析し、そこで得られた科学的知見などの情報を消費者・メーカーと共有化して、次の事故の予防につなげるという仕組みをつくるため、経済産業省では、平成19年度から3年にわたって「安全

知識循環型社会構築事業」を進めてきた。さらに平成22年度からは、産業界が積極的かつ持続的にキッズデザインによる製品開発を進め、キッズデザイン製品市場が拡大していく体制を構築するため、業種横断的に利用できる共通基盤として、事故情報や子どもの身体特性データ、評価ツールなどを整備する「キッズデザイン製品開発支援事業」を実施している。

子どもの事故情報収集については、独立行政法人国立成育医療研究センターを始めとする小児医療機関と連携して実施している。事故データの掲載件数は2012年11月現在で8,600件を超えており、事故の種類、傷害の種類・部位、発生日時のほか、製品カテゴリ別でも検索可能でウェブサイト「キッズデザインの輪」のコンテンツの一部として公表されている（キッズデザインの輪 http://www.kd-wa-meti.com/）（図9.1、図9.2）。

国立研究開発法人 産業技術総合研究所のデジタルヒューマン工学研究センターでは、「身体地図情報システム」という新技術を開発した。これは画面上に表示された子どもの3D人体モデル上に、傷害の位置や大きさをペンで描くように入力できるというもので、蓄積されたデータを照合するとある製品カテゴリによる事故事例では、例えば足の特定の部分、特に右側での傷害例が多い、などの状況が判読できる。

図9.1

性別	患者に関する情報 年齢	発達段階	体重・身長	事故の種類	傷害の部位	傷害の種類	場所	事故の詳細
男	2歳4ヶ月	走ることができる		転落	頭部	打撲傷	公共施設	17時ころに、幼児教室の遊具(80cm程度)から転落し、扉(木製)の面で後頭部を打撲した。目撃者いる。本人談。すぐに流泣。嘔吐なし。10時ろに頭が痛いと言い出した。
男	2歳6ヶ月			その他	頭部	打撲傷	家庭自宅	12:30ころ自宅の廊下で転んで扉の角に前額部をぶつけた。腫脹あり。すぐ泣いた。その後入眠した。嘔吐なし。13kg。
女	1歳2ヶ月	よちよち歩きができる		はさむ	手指	打撲傷	家庭自宅	11:00頃ドアのちょうつがい側に手が入ったまま、自分で木製のドアを閉めてしまった様子。父・母 泣いていたので見に行くと、左手を挟んでいた。第2・3・4指、軽度腫脹あるが、物をつかんだり右と動きが差がない。
男	2歳10ヶ月	走ることができる		はさむ	手指	打撲傷	家庭自宅	10:00頃ドアの向こう側にいたことを知らず閉めた時に、ちょうつがい側に右手をおいていて、挟んだ。右手首腫脹あり。
女	1歳11ヶ月	ころばずに歩行ができる		はさむ		挫傷	店舗など	15:30頃お店の前を通り親が自動ドアに近づき左手をドアに挟まれてしまった。母と店員ドアを開けて手をとった。左手甲に皮膚剥離・挟んだあとあり。やや発赤。手をにぎれ・動いてる痛がる様子あり。
女	3歳4ヶ月	走ることができる		その他	頭部	挫傷	家庭自宅	21:45 3つ上の兄と遊んでいた兄を追いかけて走っていて 兄がドアを閉めたら児がどこかで頭部打撲した様子と右側頭部に1cm挫傷あり 止血
女	1歳4ヶ月	よちよち歩きができる		その他	顔面	挫傷	家庭自宅	13:20頃に兄と父と一緒にいたが、兄と父が先に外に出た。児が後を緒を追おうとしていたが、でないように兄が扉を閉めた際に、前額部を角で打撲 2.5cmの腫脹あり
女	2歳0ヶ月	よちよち歩きができる		はさむ	手指	打撲傷	家庭自宅	17:30ころに、自宅の室内の扉を父が開いたとき、床(フローリング)とドア(木製)の間に指が挟まる。右母指の先端に発赤、軽度の出血傷あり。
男	3歳10ヶ月	走ることができる		転倒	頭部	挫傷	家庭自宅	19:30実家の中で転倒、ドアの枠(木製)に前額部をぶつけた。すぐに泣いて意識消失なし。嘔吐なし。右前頭部に1.5cm程度の挫創…

図 9.2

　子どもの事故は製品単体ばかりでなく、周辺環境と子ども特有の行動特性の組み合わせによって発生することが多い。先の産業技術総合研究所デジタルヒューマン工学研究センターでは、製品・状況特徴と事故の因果関係分析技術(ベイジアンネットワーク技術)を研究しており、子どもの年齢、子どもが行動している場所、物体の特徴、事故事例、傷害部位を相互に関連づけ、事故予測ができる技術を研究している(図9.3)。また、リンケージ・サービス(製品設計時使われ方・事故予知支援)として、過去の事故・傷害データベースから、設計しようとしている製品と同じものだけでなく、製品特長が似ているものによる事故を探してくれる機能も開発中である。

　「キッズデザインの輪」には、「家庭内事故事例の動画集」があり、子どもの事故発生の状況をCGグラフィックで見ることができる。子どもの事故は子どもの身体や心の発育段階と関係しており、段階ごとに頻度の高い事故事例をまとめている。具体的には、「おすわり・はいはいができる時期」「つかまり立ち・伝い歩き・よちよち歩きができる時期」「ころばずに歩行ができる時期」「走ることができる時期」となっている。

　さらに一般社団法人 人間生活工学研究センター(HQL)によって子どもの

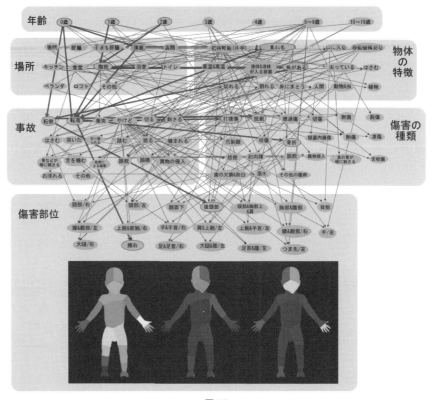

図9.3

　安全性に配慮した各種設計を実現するために必要な子どもの身体特性データとして、データ収集とデータベース整備が行なわれている。日本人の満年齢0〜12歳までの児童（男女）の身体寸法と体重、握力のデータ計47項目を収録しており、データはCSVファイルでダウンロードが可能である。子どもの身体計測は非常に難しく、本データベースはキッズデザイン製品開発の際の子どもの各寸法を知るという点において有意義なものである（http://www.hql.jp/database/index.html）（**図9.4、図9.5**）。

　民間企業と研究機関の連携による研究も活発に行われている。経済産業省の

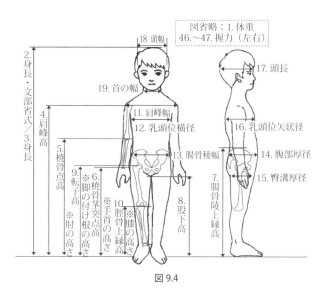

図 9.4

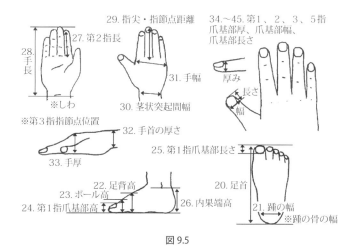

図 9.5

　キッズデザイン製品開発支援事業では、産学による共同研究プロジェクトを3ヶ年にわたって進めており、すでに60近くのテーマの研究が進んでいる。
　例えば、家具や柱への衝突時に発生する裂傷や切傷のメカニズムを解明する

ための装置開発と評価手法の確立、ドアなどを開ける際の年齢ごとの子どもの筋力データの計測、引き戸の重量・取っ手形状と子どもの開閉可能領域の検証、チャイルドロック設計のための子どもの操作能力の検証、指はさみ事故防止のための穴の形状・大きさと子どもの指の関連性の検証、日常行動での子どもの転倒データの計測などである。

これらはいずれも幅広い業種・業態のキッズデザイン製品開発に資するデータであり、これまでに存在しなかった貴重な子どもの特性データと言える。

9.4.1　蒸気レスで安全、おいしさ、収納性を満たす

すでに産業界ではキッズデザインへの取り組みが徐々に浸透してきた。キッズデザイン協議会による子ども視点の優れた製品や取り組みなどを表彰する「キッズデザイン賞」は乳幼児用品や玩具などの子ども用の製品・サービスに限らず、子どもたちの生活環境を取り巻くすべての「モノ」「コト」を対象に、優れた取り組みを顕彰する制度である。受賞作品には、「キッズデザインマーク」の使用が認められる。このマークをつけた製品・サービスが広く流通し、消費者においても「子ども視点」「子ども基準」の製品、サービスの購買動機につながり、最終的にキッズデザインの普及につながることを意図している。第6回までの実施で受賞作品点数が1,000点を超えた。

受賞作品からいくつかの事例を見てみたい。

写真 9.1

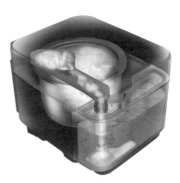

写真 9.2

三菱電機は世界初の蒸気レス炊飯器を開発した。消費者が炊飯中の蒸気で困ることとして、「置き場所が限られる」、「室内備品が蒸気で傷む」「換気扇を回して炊くため音がうるさい」などに加え、幼い子どもを持つ親からの「やけどが心配」という意見も多い。さらに「熱気や湿気、においがこもって不快に感じる」という妊娠中の女性の声もある。こうした意見を鑑み、蒸気レス炊飯器という発想にたどり着いた。構造は内部の蒸気を回収し、水冷式で水に戻しタンクへ貯蔵する方式である（**写真9.1**、**写真9.2**）。

　言うまでもなく炊飯器に最も求められる機能は「ご飯がおいしく炊けること」だ。蒸気レスにすることによって、それが犠牲になることは許されない。同社は蒸気を回収し、おいしさを実現する連続大沸騰という技術を開発した。従来の蒸気口があった炊飯器は、蒸気が吹き出している瞬間は釜内では吹きこぼれ状態に近い。そのため、吹きこぼれ防止のために少し火力を落とす状態とフル加熱状態が交互に実行されている。蒸気レス炊飯器は蒸気口がなく、吹きこぼれる心配がないため常にフル火力状態で炊飯を行なうため、甘みやうまみを取り込む米の表面の保水膜がより多くでき、旨味につながる。

　炊飯時における子どもの安全性への配慮も満たされた。通常、蒸気口から吹き出す水蒸気の温度はほぼ100度。子どもが湯気に興味を示して触れば間違いなく大やけどを負う。また最近では日本の狭小な住宅事情からか、キッチンやリビングの床に直接炊飯器を置いてご飯を炊く家庭もある。小さな子どもにとってみれば面積や高さからちょうど座りたくなる椅子のようなものだ。実際、お尻のやけど事故の事例も報告されている。

　蒸気レス炊飯器のメリットは数多い。親にとってみれば、小さな子どもが近くにいても安心して炊飯ができる、家事が続けられる点。炊飯時にキッチンキャビネットから引き出す必要がないため子どもがぶつからない点。妊婦のにおい対策にも配慮できる点などだ。

　子どもの安全を満たしたデザインによって、本来の機能向上はもちろん、数多くの付加価値がもたらされた好例である。

9.4.2 転倒時の湯漏れ防止を施した電気ケトル

　手軽に必要な時に必要な分だけ湯が沸かせることから、一気に広まった電気ケトル。すでに普及している電気ポットとは異なり保温機能を持たない、本来は"やかん"である。ティータイムのあるヨーロッパではお茶を飲む時間が決まっていて短時間で沸かせる電気ケトルが早くから普及していた。一方、日本ではお茶を飲む習慣が日常的にあることからいつでも湯を使えるようにと電気ポットが広まった。保温されているため、出てくる湯が熱すぎず、お茶に適していることも重宝された理由のひとつである。

　しかし近年では、ペットボトルなども普及してお茶を沸かして飲む習慣が減り、電気ポットほどの大容量である必要もなくなってきた。そこで注目されたのが電気ケトルである。コーヒーカップ1杯分であれば1分ほどで湯が沸かせる利便性は家庭でも広く受け入れられ、2007年から2012年の5年間で販売台数は2.6倍に増えた。それに伴い、子どものやけど事故も増加している。

　特に重篤な事故は1歳未満の子どもがハイハイをしていて湯の入った電気ケトルを倒し、身体に湯を浴びてしまうというもの。産業技術総合研究所の実験では、測定装置をつけた遊具で乳幼児に遊んでもらって子どもたちの筋力を調べ、同じ力を水1リットル分のおもりを入れた電気ケトルに加えたところ、対象にした市販の電気ケトル7つの製品すべてが転倒するという結果になった。

写真 9.3

写真 9.4

さらに水を入れて実験したところ、1歳児であれば重症のやけどにつながる量の湯がこぼれる市販品も多いことが判明した。

こうした背景からやけど事故防止対策を施した電気ケトルが登場している。パナソニックは倒してもこぼれにくい転倒湯もれ防止構造に加え、触っても熱くなりにくい本体二重構造や空焚き防止機能を備えるなどの安全設計を施した。電気ケトルの中には持ち手以外の本体部分を触るとかなり熱くなっているものもある。二重構造にすることでやけど防止対策につながるとともに適度な保温機能にもつながっている（**写真9.3**）。タイガー魔法瓶は転倒止水機能に加え沸騰時の蒸気量を7割カットする省スチーム設計の製品を開発した。このように他のメーカーも同様の機能を備えた製品を投入している（**写真9.4**）。

やけど事故は子どもに限ったことではないが、家庭内では子どもの手の届く場所にこうした製品がひしめき合っていることを忘れてはならない。こうした機能は高齢者の単身家庭などでも安全性を高めてくれることは間違いない。

9.4.3　入浴時の悩みをゼロベースで解決

子どもの家庭内事故で上位を占めるもののひとつに、入浴中、子どもから目を離した隙に子どもが浴槽で溺れる事故がある。子育て中の母親へのアンケートでは、「入浴時に子どもから目が離せないので、ゆっくりシャンプーやリンスができない」などの声も多い。

実際に浴室で起こっている事故に関するデータを見ると、浴室での事故で最も多いのは転倒で48％、次が溺れで20％。子どもの溺れ事故の内訳では、保護者がその場を離れた時、が一番多い。例えば風呂上がりにバスタオルをとりに行こうと脱衣所に出た瞬間に振り向いたら子どもが浴槽で溺れていた、といったケースである。見落としがちなのが、保護者が一緒にいた時の事故だ。浴室で親が自分の体を洗う時には、壁や鏡、水栓のほうを向き、子どもに背を向けるのが一般的だ。このわずかな時間に、浴槽に浮いているおもちゃをとろうとして頭から浴槽に突っ込み溺れるといった事故が発生する。そのため親は慌ただしく、時には振り向きながら自分の体を洗っているというのが現実である。

写真 9.5　　　　　　　　　　　　　　写真 9.6

　クリナップはこうした育児中の入浴の悩みを解決するため、ユニークなバスユニットの提案を行なっている（**写真9.5**、**写真9.6**）。壁に向いて使う従来の水栓器具部分を取り払い、自由に動かせるテーブルと椅子を組み合わせた製品である。手元で吐止水できるシャワーを装備し、中央を向いて自分の体や頭を洗う時にも水栓操作ができる。これによって子どもを見守りながら自分の体をゆっくり洗えるようになった。子どもが自分で身体を洗えるようになる頃には、向き合って一緒に洗う、といったコミュニケーションツールにもなる。子どもの成長という時間軸をも考慮した、まさにユニバーサルな製品と言えよう。水栓部分は壁にあるもの、という既成概念を払拭し、ゼロベースで顧客のニーズを考えた成果である。

9.4.4　家庭内事故の典型例〜指はさみ防止ドア

　家庭内事故で大人、子ども問わず多いドアへの指はさみ事故。軽微なけがで済めばよいが、子どもの小さく、柔らかな指は被害を受けやすい。また家庭内での子どもの行動を見てわかるように、兄弟姉妹がいる場合など追いかけっこをしてふざけてドアを勢いよく閉めたり、ドアの開閉そのものをおもちゃのようにして遊んだり、といった光景を見かける。こうした場合、もし指をはさめ

ば切断の恐れすらある。

　住宅メーカー各社ではさまざまなアイデアの指はさみ防止ドアを開発している。

　積水ハウスでは、子どもが引き戸を開け閉めする際に指をはさんでけがをすることのない「指はさみ防止引き戸」を全ての戸建住宅に標準採用している（写真9.7）。ソフトクローズ機構は引き戸が閉まる直前にブレーキが掛かり、その後ゆっくりと戸が閉まる仕組みである。ストッパー付引き手は引き込み戸の引手部分に内蔵されたストッパーを拡げることで、引き戸を開ける際に引き手金物と建具枠に指がはさまるのを防ぎ、戸当たり音も抑えられる構造だ。

　大和ハウスでは、「フィンガーセーフドア」として、ドアの吊元に丁番ではなくピボットヒンジを採用し、指はさみ事故を防止するために隙間を極力なくした（写真9.8）。さらに足指はさみ事故の被害を軽減するための足元カバーも設置した。子どもがドア下で足指をはさむ要因のひとつは、操作時の立ち位置にある。大人は自分とドアの間隔を40センチ程度確保できるのに対し、子ど

写真 9.7

写真 9.8

もは半分の20センチしか確保できない。結果、身体の小さな幼児ほど勢いのあるドアを止められず、足指をはさみやすい。

　いずれも子どもの身体特性を考慮し、住宅に居住するすべての人に対しても安全をもたらす構造となっている点が特徴である。

9.4.5　石灰の発熱によるやけどを技術で防止

　海苔や米菓などの食品に封入されている石灰乾燥剤の原料の生石灰（酸化カルシウム）は、水と反応すると水和熱が発生し、その温度は300度に達する。乾燥剤のラベルには"食べられません"の警告文が書かれているが、文字を判読できない幼児には無意味である。

　坂本石灰工業所では、素材である石灰自体の性質を見直し、乾燥能力を損なわずに発熱を抑えるという機能を持つ乾燥剤の開発に成功した（**写真9.9**）。12時間の発熱テストを行ない、30度の水が石灰にかかっても60度（火傷しない温度）以上には発熱しない点を安全基準として研究開発された。痴呆性高齢者の誤飲事故も報告されており、子どもだけでなく高齢化の進む我が国において、こうした事故の防止にも役立つユニバーサルデザイン製品である。

写真 9.9

9.4.6　チャイルド・レジスタンス～子どもの製品操作事故の防止

　平成21年に東京都の「子供に対するライターの安全対策」報告書で、「東京消防庁管内において、平成11年から平成20年の10年間に12歳以下の子どものライターを使用した火遊びによる火災が500件余り起こっている」と報告があり、経済産業省消費経済審議会製品安全部会にライターワーキンググループが設置され、子どもに対するライターの安全確保のため技術的方策が検討された。その結果、平成22年12月27日からいわゆる使い捨てライターは消費生活用製品安全法の「特別特定製品」に指定され、チャイルド・レジスタンス（CR）が義務化された。安全テストを合格したものにはPSCマークが交付される。CRとは、ある製品を幼児が容易に扱えないように強い操作力等を必要としたり、操作を複雑化したりする手段をとることである。

　CRの義務化以降、市場に投入されたCR機能を備えたライターは、ストッパーを横方向に押しながらレバーを押し下げると着火する構造や操作時に一定の力を必要とする構造になっている。大人に特化された製品でも、事故の重篤度が高いものに対しては子どもの使いにくさをデザインする必要性を示唆したものだ。

　CRはアメリカでは約40年前から薬品瓶のキャップなどで規制が始まった。ライターのCR化はアメリカで1994年、EUでは2007年に法制化されている。アメリカでの認定方法は51か月（約5歳）までの幼児100人を対象にパネルテストを行ない、85％以上の幼児が着火できなかった製品のみが許可されることになっている。規制導入後、アメリカではライターを使った火遊びによる死亡事故が43％減少したという報告もある。

　ボタンの操作力を強めれば、筋力の弱い女性や高齢者は当然、使いにくくなる。85％以上の幼児、としているのはそのためである。100％にすれば当然、安全性は高まるが、同時にライターをつけられない高齢者や女性の比率も高くなる。使い勝手の良さ、と言う点では一見、ユニバーサルデザインと相反するように見えるCRであるが、この対策はメーカーとユーザー、そして社会の合意であると言える。悲惨な事故を繰り返さないデザイン、そこに立脚すると時

には「使いにくくするデザイン」もユニバーサルな視点をまた持ち得るということである。

9.4.7　母親の授乳と同じ姿勢でミルクを与える哺乳瓶

最後に第三者へ配慮された製品とは少し離れるが、ある乳児用の哺乳瓶の事例を引きたい。

哺乳瓶と聞いてイメージする形状は牛乳瓶のようなストレートなボトルに乳首がついたものであろう。しかし、ズームティーの提案する哺乳瓶は不思議なカーブを持つ独特の形状をしている（**写真9.10**）。なぜこのような形なのか。

ストレート型の哺乳瓶でミルクを与えると、どうしても乳児は横に寝た姿勢でミルクを飲むことになる。すると余分に吸った飲みきれないミルクが耳管に逆流し、中耳炎などを引き起こす可能性がある。実際、小児科ではこうした症例が非常に多い。

本製品はこのカーブのあるフォルムのおかげで、母乳を飲む時と同じ姿勢で

写真9.10

ミルクを飲むことができるように工夫されている。乳首は母親の乳首に近く、噛むことであごの発達を促し、唾液の分泌も進み、満腹感を与える形状となっている。乳児期の課題を専門家、ユーザーとともに長期間にわたって研究・開発した成果であり、今では産婦人科、小児科、耳鼻科などの医師から推奨され、全国の母親に支持されている。

品質の向上を図るために当初はポリカーボネート素材だった哺乳びんを、耐熱ガラス製を中心とした国内生産に切り替えた。ユニークなフォルムゆえ大量生産ができず、今でも東京下町のガラス職人が一本一本手作業で作っている。

子育てに関する親や大人の現実的な悩みを探り出し、デザインで解決することはキッズデザインの重要な要素である。乳児はまだ自分の言葉で自分の痛みを表現できない。それは第三者である子どもへの配慮を事故事例から学ぶのと同様、子育ての現場や小児科の症例からしかその要因を特定できないのである。

しかしそこに気づけば、哺乳瓶のような成熟商品と思われがちな製品でも新たに改善すべき方向性も明らかになる。本製品はその好例である。

9.5 子ども視点であらゆるものづくりを再考せよ

現在、キッズデザイン協議会では、キッズデザインのガイドライン策定に着手している。キッズデザイン賞がトップランナーを決めていく仕組みであるのに対し、ガイドラインはボトムアップが狙いである。当初の取り組みとして、「子どもたちの安全安心に貢献するデザイン」に必要な「安全性に関するガイドライン」を作成し、その後残りの二つのデザインミッションに関するガイドラインにも取り組んでいく予定である。

「安全性に関するガイドライン」は子ども視点によるあらゆる製品、環境、サービスの安全品質の平準化を目指すものである。ISO/IEC GUIDE 50（子ども向け製品・サービスの安全性ガイドライン～Safety aspects - Guidelines for child safety）に準拠しつつ、キッズデザイン製品開発のデザインプロセスについて実施すべき基本項目を定めている。事例の中でも述べたが、産業界にお

いて、子どもの事故防止と本来機能やユーザビィリティがトレードオフの関係にならないように、デザインによるイノベーションにつながることを期待している。

　子どもへ向けた安全品質向上による差別化戦略は今後、少子化問題を抱える中国始めアジア諸国でも確実に求められるものであり、主要なガイドラインは国内に留まらず国際標準化を図り、日本の国際競争力にも繋げていきたいと考えている。

　言うまでもなく、子どもは成長する。ある一定年齢の子どもに向けた安全性に配慮しても、時間の経過とともにリスク要因は変化していく。身体的にも経験的にも未成熟な子どもを基準に製品開発を行なうことで、産業界にとってはあらゆる層への安全安心につながるものづくりの視点を手に入れることができる。

　時代の必須課題である環境対応、エコデザインといった分野においても同様である。未来の主たる消費者である子どもたちを基準にすれば、ものづくりそのものも持続可能でなければならない。生産や素材、使用時の環境負荷を減らすことは、来たる子どもたちの時代に現在のツケを残さないための最大の配慮だからである。

　各事例に見られたように、キッズデザイン、子ども視点・子ども目線の製品開発はあらゆるデザインの基礎をなすものである。それは日本が発するキッズデザインという新しいマーケット創出につながっていくと考えている。

　注：製品写真は各社のキッズデザイン賞受賞時のものです。

コラム　よい道具とは
　○動くべきところが動くこと、そして軽く歯切れよく動くこと、○動くべきでないところは動かないこと、○一目で使い方がわかること、○フィードバックがあること、○愛着がわくこと、適度な遊び心があること。
　フィードバックとは、プリンタもロボットもはさみも動いているときには、動いているなあという音を出す、まったく音を出さなければ不気味ですね。

第10章
より快適な社会を目指して

　ユニバーサルデザインは、使う人の立場になって考えてみることで気づき、科学的技術などを用いて改善してゆくという継続的な活動といえる。つまりゴールは無い。こうした活動を定着させ、発展させてゆくためには何が必要か。「おもてなしの心」は重要なキーワードだ。

1981年国連が提唱した「国際障害者年」のテーマ「完全参加と平等」は、多くの国で障害のある人たちの人権を考え直す大きなきっかけとなった。日本では、施設や交通機関を障害のある人でも使えるようにするための法律が整備された。また、1991年からは多くの企業、障害当事者、学識経験者等が集まり、障害者、高齢者の日常生活における不便さ調査も開始され、民間企業で作られている製品、提供されているサービスに関して改善が始まった。

　その結果、より多くの人達が使える製品、共用品がそれ以降大きく広がるに至った。具体的には、1995年から共用品の市場規模調査を開始した日本では、1995年4700億円であった市場が、2010年には3兆6千億円と15年の間に約7.5倍に伸びている。

　この章では、より多くの人が使える製品・サービスを定着させると共に、それらが更に多くの分野に広がり発展していくには、何が必要かを考えていきたい。

10.1　ユニバーサルデザインの課題

10.1.1　シャンプー容器、側面のギザギザ

　海外に行った時、その国の言葉が分からず、不自由を感じることがある。また、ホテルでも洗面所においてある中身の異なる同じ形の複数の容器、どれがシャンプーなのか分からず、海外のシャンプーは泡がでないのかと思ったら、リンスで洗っていたという失敗などである。目の不自由な人にとっては更に深刻な問題である。

　日本では今から20年前の1992年から、シャンプー容器側面にギザギザを付け、リンス容器と触っても識別できる工夫が業界全体へと広まった。包装容器以外にも、携帯電話やテレビのリモコンなどの5番のボタンにある凸記号表示は、目の不自由な人に5を含めた数字の位置を知らせることができる。家電製品では、スタート、終了、注意を知らせる「報知音」（音表示）の音の高さを低くし、高い音が聞きづらい高齢者でも聞けるような配慮が始まっている。

これらの日本で始められた配慮は、日本だけでルールを作っても、かえって混乱することが考えられる。そのため日本は、自国での製品への配慮の経験を生かし、「規格作成者のための高齢者、障害のある人でも使いやすくするためのガイド」作成の提案を、国際標準化機構（ISO）に対して行い、満場一致で各国から賛同を得た。日本が議長国を務め、2001年にISOから71番目のガイドとして発行され更には、中国、韓国と連携をとり、「高齢者、障害のある人たちへの配慮JIS」の中の「包装・容器」、「凸記号表示」、「音表示」、「視覚表示物」を、国際規格になったことは、第２章で紹介したが、日本の実践は今後も次々と国際標準化へと広がっていく予定になっている。

10.1.2　法整備の落とし穴
(1)　エレベーター

　日本全国には現在、約60万台のエレベーターが設置されている。階段やスロープでは上下の移動が困難な人にはエスカレーターと並んで貴重な設備機器である。特に車いす使用者にとってはなくてはならないのがエレベーター。これも交通機関や公共施設でのバリアフリー化を進める法律ができたことが大きく影響しエレベーターは多くの場所に設置されるようになった。それまでは、駅の階段を複数の駅員さんが車いす使用者を持ちあげて上ったり下ったりといった場面に出会ったものである。車いす使用の人達は、「駅員さんに運んでもらっている時の、周りの人の目がとても気になった」と当時をふり返り感想を述べている。その点、エレベーターは、高齢の方、大きな荷物を持った人、妊産婦さんなど、さまざまな人たちが誰の目を気にすることなく利用することができる。更にエレベーターには、障害のある人たちへ配慮されているものが増えてきている。

　扉が開くと正面に大きな鏡が取り付けられているエレベーターもその一つである。この鏡は、車いす使用者がエレベーターに乗り込み、中で回転ができない時、後ろ向きで出るときに後方を確認するためにつけられている。また乗っている最中でも振り向かないで、今いる階を鏡に映った階数表示で確認するこ

とができる。
　低い位置にボタンのあるエレベーターも増えている。車いす使用者でも、手が届くための配慮であるが、低い位置のボタンを押すと、扉が少し長い時間開いており、乗り降りに時間のかかる方でも安心できる時間が確保されるようになっている。
　ボタンにもいくつかの配慮がある。目の不自由な人は、平面に書かれている階数ボタンを確認することができない。そのため、階数ボタンの左側に階数を表す数字が点字で表示されたものも増えている。また、点字が読めない目の不自由な人のために、浮き出しの数字が付いているものもある。また、着いた時、着いた階を音声で喋ってくれる機能も、目の不自由な人たちにとって便利な機能である。
　エレベーターには、定員以上乗るとブザーが鳴り、扉が閉まらない機能が付いている。けれども、最後に乗ってブザーがなったのが、耳の不自由な人だった場合、その人にはブザーが聞こえないので降りようとしないと、中にいる人から嫌な視線をもらうことになる。こうした状況の場合にも、「満員」お知らせ表示がつくものも出てきている。

(2) 多機能トイレ

　「多目的トイレ」、「誰でもトイレ」など、異なる名称ではあるが、基本的には車いす使用者、オストメイトの人などが使用できるように、広さ、設備機器が備わっているトイレである。これらも、法律の定めにより多くの公的施設、民間施設で設置されるようになった。車いす使用者は、イベントなどに行く場合、そこに車いす使用者が使えるトイレの有無でそのイベントに行くことを決めている人も多くおり、それだけ大切な多機能トイレである。以前は、車いす使用者のみを対象にするため、それ以外の人が使わないように鍵のかかっていた多機能トイレも多かった。
　しかし、世の中でユニバーサルデザインが叫ばれ始め、乳幼児連れの人を含めた誰でも使えるようにルールが変わってきた。そのため、一般のトイレが込んでいる時は、今まで多機能トイレの対象者でなかった人たちも使用すること

になった。

　エレベーターにしても、多機能トイレにしても障害のない人たちにとっても大変便利なものであるが、多くの人は、エレベーターでなく階段、エスカレーターも使用することができる。同じく、トイレも多くの人は、多機能トイレだけでなく、一般のトイレも利用することができる。

　しかし、車いす使用者は、上下移動にはエレベーターしか利用できず、またトイレは多機能トイレしか使用することができない。その結果、車いす使用者が使おうとしても、一般の人に使用されていて、エレベーター、多機能トイレがあっても使用できないことになる。

　では、その解決はないのか？　一つの解決方法として、トイレの場合であれば、一般のトイレも全て多機能トイレにするということかもしれない。しかし、これはコスト、場所の制約により現実的ではない、と思われるであろう。

(3)　ノンステップバス

　違う例でしめしてみたい。バスである。バスには一昔前までは乗降に二三段の階段がついているのが通常のバスであった。これも、駅の階段と同じで、車いす使用者にとっては、一人で乗降することができず、運転手の手を借りることになる。二昔前までは普通であったバスの車掌さんは、サービス合理化の名目で、姿を消した昨今では、運転手一人では車いすの乗降を行うことはできない。まして、電動車いすとなるとなおさらである。そこで、登場したのが、「ノンステップバス」である。これは、停車所につくと車体が下がり、ステップの部分からスロープが出て、車いす使用者が人手を借りることなく、バスに乗降ができる仕組みになっている。画期的なことであり、大変喜ばしいことであるが、日本では、共用品市場規模調査から推測すると、日本全国に走っているバスの内、3台に1台がノンステップバスになっている。以前に比べると大変な進化である。しかし、よく考えてみると、3台に2台はまだノンステッバスではなく、つまり、3台に2台は、車いす使用者は、来たバスを見送らなければならないことになる。また、ノンステップバスが来たとしても、朝夕のラッシュ時であれば、広いスペースが必要な車いす使用者は乗り込む事が非常に困難

である。

10.1.3　ロンドン市の試み

　日本のノンステップバスは、全体の3分の1であるが、既に全てのバスがノンステップバスになっている町がある。

　筆者は2009年11月、仕事でロンドンを訪れる機会があった。そこで英国流、異なる2つの共用品に関する考え方に出会うことができた。一つは、2階建てのロンドンバス、そしてもう一つはバスと地下鉄の大きな字で書かれたマップである。

(1)　ロンドンバス

　14の地下鉄路線が縦横無尽に走るロンドンの地下鉄は、乗り換えも複雑、しかもエレベーター、エスカレーターもある駅は限られている。更に休日となると運休している路線も多い。やっと辿り着いたキングスクロスで地上に出ると、まず目に入ってきたのが名物の赤い二階建てのバス。それも次から次へとやってきては、異なる場所に向けて走り去っていく。

　以前、ロンドン名物の二階建てバスは二階部分に車いす使用者が行けないので廃止する方向との記事を読んだ記憶があったのにと思いながら、よく見ると全てのバスの前方に車いすをデザイン化した「国際シンボルマーク」が表示されている。このマークは、インタナショナルリハビリテーション協会が制定したもので、車いす使用者に限らず障害のある全ての人達が利用可能な施設、設備機器等に表示される。そのマークが表示されているのである。仕組みは、日本でのノンステップバスと同じく、乗降口が乗降時に下がり、スロープが出て、車いす使用者、ベビーカー使用者、杖使用者等の人たちが、容易に乗降ができるしかけである。

　このような配慮は、必要とする人達に知られてはじめて意味をなす。各交通機関の案内所、地下鉄の改札口には"Do you need help getting around?"というパンフレットがおいてあり自由に誰でも入手できるようになっている。

　そのパンフレットには「ロンドン市内のバスは全て、ノンステップになって

います」と書かれていた。更には「認証されたほとんどのタクシーも、車いす使用者が利用できるようになっています」と書かれている。

　日本でも交通バリアフリー法、バリアフリー新法の制定、そしてその法律を実現するための各種ガイドラインによって、障害のある人たちの移動が容易になりつつある。地下鉄なども、営団、都営の乗り継ぎも含め、車いす使用者も人的補助も含めほぼ全ての駅に移動することが可能になっている。これは、世界に誇れるシステムである。

　共用品、特に多くの人が使うバスなどの公共製品は、全ての人が使えることがとても意味があることを、ロンドンのバス、日本の地下鉄が教えてくれる。

(2)　地下鉄のマップ

　一方、各自がそれぞれ使うものは、別の方法で全ての人に使えることを考慮することができる。

　ロンドンの地下鉄は、前述のように環状線に交わって東西南北へ数多くの線が走っている。そのため、地下鉄に乗るためには路線図が必須である。しかし、切符売り場近くで配られているものは、小さな字のものであり、若くない人にとっては読むことが困難なものである。これも前述の"Do you need help getting around?"というパンフレットを見てみると、地下鉄の地図は様々な種類のものが提供されていることが分かった。

　通常、駅で配布されている地図は、A4横を横に半分に切った大きさであり、活字の大きさは2～3ポイントといった小ささである。その通常版に対して、大活字版は紙のサイズがA1、活字は20ポイントのゴシック系である。この大きさであれば多くの人が見ることにストレスを感じずにすむ。その他にも、色の識別が困難な人に対して、「色を使わず、路線の違いを模様で表わしているもの」、音声版などが用意されている。

　さっそく、英国王立盲人協会（RNIB）に行き、大活字版の地下鉄路線図を入手、その後は快適な地下鉄移動をすることができた。

(3)　まとめ

　今までのモノやサービスを、より多くの人が使えるモノやサービスにするた

めの手段は、一つではないことを、英国、日本の交通機関の配慮が教えてくれている。多くの国、地域でさまざまな考慮が行われている工夫を、今後はより多くの国で情報を共有し、配慮のレベルアップが国際的な規模で行うことが重要な時期に来ている。

後日談であるが、先日英国から来た知人から、ロンドンの交通機関がアクセシブルになったのは新しい市長さんの信念をもった方針から実現したと聞いた。その話をしてくれた彼女も車いすを使用しているが、ロンドンでは車いすでバスにすっと乗るのは、今では当たり前になっていると嬉しそうに話していた。

10.2 UDをどう作るか？

10.2.1 ニーズ、シーズ

(1) 歩道と車道の段差　2センチ

海外に行くと気になる一つに横断歩道がある。老若男女、障害の有無に関わらず、すべての人が利用するものが横断歩道である。そのためにも、全ての人が安全に安心して渡れることが強く求められる。国や地域によっては、横断歩道が極端に少なくその代り、歩道橋や地下通路が作られ、歩行者はそちらを利用することになっているところをみかける。おそらく歩行者の安全性を考えての結果と思われるが、中には歩道橋を車いす使用者でも渡れるようにとスロープ方式にした結果、とても長い傾斜となっていたり、地下道には階段しかなく車いす使用者にとっては、たかだか20メートルの道を横断することもできないとう、利便性に考慮されていないものも見受けられる。

逆に、利便性と安全性を兼ね備えたさまざまな工夫を見つけることもできる。まずは信号。赤・青・黄色は世界共通であるが、色の識別だけだと目の不自由な人が一人で渡ることは困難である。横断歩道の信号が青になったらメロディが鳴るのは日本だが、海外でも縦方向と横方向の横断歩道で音が異なる報知音が出ているのを聞いたことがある。音が、夜中も常に鳴っていると近所人迷惑

がかかると、必要であれば横断歩道の手前にボックス型のスイッチが設置されている。夜中はボタンを押した時だけ音が出る仕組みなっているものもある。また、そのボックスが振動で今の色の状態を伝えるものも、スイスのジュネーブ等で見かけられる。また、音やメロディはどの色が変わる頃になるとリズムが早くなったりしてそのことを知らせてくれる。けれども、音での合図は耳の不自由な人にとってわからない。

　中国で、はじめて見た信号には、後何秒で色が変わるかを電光表示板でカウントダウンされていた。この信号は、その後マレーシア、シンガポール、台湾にも広がっていることがわかった。日本では、数字ではなく逆三角形に表示された電光表示がだんだん少なくなくなっていくことによっておおよその残り時間を伝えている。

　また、車いす使用者にとっては、歩道、車道間の段差が高すぎると横断歩道に出ることが困難である。20年程前、アメリカのワシントンDCでは、町の中にある全ての横断歩道前の段差はなく、スロープになっており、そこを車いす使用者が難なく行き来することができていた。けれど段差がないスロープであると、目の不自由な人には、どこから横断歩道になるのかが分かりづらく危険な状況にもなる。日本のバリアフリー法によるガイドラインでは、車道と歩道の間には、２センチの段差を付けることとしている。この２センチで目の不自由な人は歩道と車道の区別ができ、車いす使用者にとっても乗り越えられる高さということである。

　視覚障害者誘導用ブロックは、横断歩道の手前に点ブロックが敷かれているが、最近では横断歩道の中にも点ブロックが敷かれている場所が増えてきている。

　超高齢社会に入っている日本では、より多くの人が使えるモノ・サービス・環境を作ったり、改善する時には作る側の一方的な思い込みでなく、使う側の意見をしっかり聞くことが重要となる。そのために重要なのが、障害のある人たちも含め、より多くの人達が意見を言い合える「会議」である。

(2) 会議への配慮

　毎日至る所で多くの会議が開催されている。学校ではクラス会議、町内会議、会社での各種会議、大きな会議では国会、裁判も会議の一種である。国際的なルール（規格）を作る時も、各国の関係者が集まって会議をしながら作っていく。日本が提案して作られたISO/IEC Guide 71「高齢者及び障害のある人々のニーズに対応した規格作成配慮設計指針」では、製品・サービスの規格に、高齢者及び障害のある人たちへの配慮を行うためのヒントがたくさん書かれている。また、このガイドの中では、「規格を作成する時には、当事者が参加することが望ましい」と書かれている。

　ヨーロッパの知的障害者関連の団体、インクリュージョン・ヨーロッパでは、会議や講演会などを行う際のルールを作っている。早口にならない、難しい言葉はなるべく使わず、使う時には分かるように説明を加えるなどである。そのルールは、会議参加者が持っている名刺サイズを一回り大きくした3枚の色のカードでその場で評価される。話している人の内容に賛成の時には、「緑のカード」を向けて自分の意思を報告者に伝える。少し早くて分かりづらい時には「黄色のカード」をかざし、何を言っているのかわからない時には、「赤のカード」を話している人に対して示し、注意をうながす。黄色、赤のカードを示されると、話し手は、話をゆっくりにしたり、分かりやすい説明に切り替えなければならない。

　ノルウェーでは障害者団体が集まって、さまざまな障害のある人たちが集まる会議に向けてのガイドラインが作られている。車いす使用者が参加する会議に使用する会議室は、そこにたどり着くまでに階段だけのところで使用しない、から始まり、使用できるトイレが近くにあるか、机は膝が入るようになっているか、などのチェック事項が書かれている。目の不自由な人に対しては、配布する資料が、その人の視力の程度に合わせて点字、大活字、音声版が作られているか、会議中の発言する人は話し始める前に、自分の名前を言ってから話す、画面を使っての説明は「これ、あれ、それ」などの指示語ではなく見えなくても分かるように話すなどである。耳の不自由な人が参加する会議では、情報保

障として手話通訳の手配、要約筆記等の手配などが書かれている。日本でも、多くの国の事例を参考にしながら会議における配慮のJIS規格が作成された。

また、そのJIS規格「アクセシブルミーティング」は、現在国際規格にするための作業が行われている。

より多くの人達が使えるモノ・サービス・環境を作る人たちには、参考になる規格である。また、「アクセシブルミーティング」を、分かりやすく解説した冊子が「みんなの会議」という題名でホームページから入手できる。

http://kyoyohin.org/06_accessible/060101_accessiblemeeting.php

10.3　今後の展開

10.3.1　UDからアクセシブルデザインへ

2001年、国際標準化機構（ISO）から発行された「規格作成者のための高齢者・障害のある人々への配慮設計指針」の元は、日本で生み出された「共用品」が、ベースになっている。日本で作成したガイドの原文にあるこのガイドが目標とするモノ・コトとして「共用品＝Kyoyohin」を使っていたが、英文にするにあたり、共用品を何と訳すかが議論となった。

当初、会議の中では「ユニバーサルデザイン」、「デザインフォーオール」との意見が出たが、アメリカ、イギリスのメンバーから、「ユニバーサル」、「オール」とつく単語は、実現不可能と思われ、デザイナー、設計者、規格作成者から、「不可能」と言われかねない。そのため、考えだしたのが「アクセシブルデザイン」である。理想ではなく、現実的にどのようにより多くの人達が使えるモノ・サービス・環境を作っていくかが、この言葉に託されている。

主に枠組みから考える国の人々に対して、日本は目の前の課題を一つ一つ解決し、その実践を元に理論を積み重ねていくやり方が、国際的に評価されガイドの制定につながったのである。

10.3.2 「日本の文化を世界に」の時代

　シーナ・アイエンガー教授は、彼女の書いた選択の科学（原題は"The Art of choosing"）で、アジア系アメリカ人とアングロサクソン系アメリカ人の「選択」の仕方の違いを、調査を元に論じている。アングロサクソン系アメリカ人は、幼い頃から日常生活で選択する事項のほとんどを、自分で決めている。それに反し日本を含むアジア系アメリカ人は、幼い頃は母親の意見・意向を元に選択を行っているという調査結果である。

　一見すると、幼い頃から自立心がある人種と、優柔不断で人の顔色ばかりをうかがっている人種に分けて分析終了となるところを彼女は、更に考察を続ける。例えばオリンピックなどでの個人競技で優勝したのがアングロサクソン系人種の場合、優勝インタビューでは「日頃からの自分の努力がこの優勝に結び付いた」と、優勝に至るまでのさまざまな選択を自分で行ってきたことをその要因にあげる。

　それに反しアジア系の人種が、優勝した時のインタビューは、家族を始め周りの多くの人達の協力、応援の力であることをその要因にあげる。

　彼女は二つの事例を出し、アジア系人種は、多くの選択において自分の満足よりも自分以外の満足を優先し、そして他者の満足を自分の満足に置き換えることができる人種であると述べている。

　彼女は1969年、インド人の両親の元にカナダで生れアメリカで育ち、3歳の時、網膜色素変性症と診断され高校にあがる頃、全盲となった。

　着るものから結婚相手まで両親が決めるシーク教徒の中で育ちながら、学校では、選択こそアメリカの力という教育のはざまで育った彼女が選んだ研究テーマが「選択」というのも興味深い。

　2011年3月11日おこった大震災で自分のことよりも他者を大切にする多くの日本人を報道した情報に欧米のメディアは、「なぜあんなに落ち着いて他人のことがあの場面で考えられるのか？」と、称賛と共にいくつもの「？」を付けた報道をしていたと聞いたが、彼女の論理からは「？」は、つかない。

　アクセシブルデザイン（共用品）を作り広げる活動を日本が始めた頃、アメ

リカでも時を同じくして「ユニバーサルデザイン」を、ロン・メイスさん達のグループが提唱し始めた。何度かメール等で情報交換をしたことがある。その時彼らが何度もいっていたのは、「アメリカでは考え方は理解されるのだが、日本の共用品のように実際に障害の有無にかかわりなく使える製品はいっこうに開発されない」と、嘆いていたことが印象に残っている。

共用品・共用サービスは、技術・論理だけでは発展しないことは、多くの事例で明らかである。どのように、技術・論理を、日本人が昔から持っている「おもてなしの心」につなげるか、大きな課題である。

参考文献
1）アクセシブルデザイン入門、2007年、佐川賢・星川安之、日本規格協会
2）共用品という思想、2011年1月、後藤芳一・星川安之、岩波書店
3）選択の科学、2010年、シーナ・アイエンガー、文藝春秋

コラム　色覚異常、色弱

血液に血液型があるように、色の感じ方にも違いがある。この色の感じ方をグループに分ける方法が色覚検査だ。

色覚検査は2002年まで小学校などで一斉に行われ、「正常色覚」に対してと「色覚異常（赤緑色盲・赤緑色弱）」に分類されていた。色がわからないということから「色盲」や、色の識別が苦手と言うことで「色弱」などと呼ばれ、進学、就職、資格取得や結婚などに差別的な対応がされていた。

日本では男性の20人に1人、女性の500人に1人、合せて320万人以上いるとされる色弱者は、世界では2億人を超えるとされている。

この比率は血液型で言えばAB型の男性の比率に匹敵するということから、決して「異常」や「障害」ではなく「特性」であるとの見解から、NPO法人カラーユニバーサルデザイン機構では差別感の払拭に向けて、「色覚特性」としてC、P、D、T、Aの5種類の色覚型で対等に扱うことを提唱している。

10.4　ザ・リッツ・カールトン・ホテルに学ぶこと

10.4.1　ホスピタリティ産業

　日本では東京と大阪に加えて、2012年には沖縄でも開業のザ・リッツ・カールトン・ホテル。1983年に米国アトランタで誕生した同社は'サービスは科学'と考え、組織としてホスピタリティの実現を目指してきた結果、日米他のビジネス誌等でトップクラスの名声を得ている。

　高野登（元ザ・リッツ・カールトン・ホテル日本支社長）によれば、リッツ・カールトンは'ホテル産業'ではなく、'ホスピタリティ産業'と定義、'思いやりや親切心''心からのおもてなし'を重視するとしている。

　また、リッツ・カールトンの成功は、従業員の'ホスピタリティ'（hospitality）と'エンパワーメント'（empowerment）にあると言う。

　ホスピタリティ実現の仕掛けとして、全従業員に'クレド'（Credo：信条）が記載されたカードを携帯させるとともに、ミーティングなどを通じて価値観の共通化を図っている。

　クレドカードには、リッツ・カールトンの価値観や理念を表す

① 　クレド

② 　モットー

③ 　従業員への約束

④ 　サービスの3ステップ（従業員の行動指針）＊

⑤ 　サービス・バリューズ

の5項が記載されている。

　　＊サービスの3ステップ
　1．あたたかい、心からのごあいさつを。お客様をお名前でお呼びするよう心がけます。
　2．お客様のニーズを先読みしおこたえします。
　3．感じの良いお見送りを。さようならのごあいさつは心をこめて。できるだけお客様のお名前をそえるよう心がけます。

また、エンパワーメントとは権限移譲。従業員一人一人にある程度の予算が与えられ、接客場面において自分で必要と判断すれば、花束やケーキを購入するなどといったことが臨機応変に行うことができる。

こうした一連の仕組みによって従業員の主体性を引き出し、それぞれが自らの判断に基づいて最高のサービスを提供することができるようになるというもの。

10.4.2　ホスピタリティでデザイン

ユニバーサルデザインについて、さまざまな切り口から論じてきたが、ユニバーサルデザインにはマニュアルがあるわけではない。ユニバーサルデザインはコンセプト、理念、考え方である。

ザ・リッツ・カールトン・ホテルが'ホスピタリティ産業'であると定義し、'思いやりや親切心''心からのおもてなし'を重視するとしている姿勢は、ユニバーサルデザインを考える上で非常に参考になる。

- どうすればお客様に感動を与えられるのか
- お客様が言葉にされない願望を先読みして満たすためのチームワークとはどういうものか

お客様が言葉にされない願望やニーズをも先読みしておこたえするサービスの心。お客様への心のこもったおもてなしと快適さを提供することを最も大切な使命とこころえ、心あたたまる、くつろいだそして洗練された雰囲気を常にお楽しみいただくために最高のパーソナル・サービスと施設を提供する。

製品や環境、情報を設計する立場に当てはめて考えてみれば、利用者が言葉にされない願望やニーズを先読みしてデザインするということになる。利用する人の立場に思いを寄せ、違和感や不自由さに気づいてあげられるセンスを養うことが、ユニバーサルデザインの実現に不可欠だとすれば、まさにホスピタリティがベースとなるのではないか。

筆者が最近「'ユニバーサルデザイン'から'ホスピタブルデザイン'(Hospitable Design)へ」と提唱するのは、こうした理由からだ。ユニバーサルデザインは

最終的なカタチではなく、気づきを改善するプロセスである。読者諸氏が'思いやりや親切心''心からのおもてなし'を設計に活かそうとすることが、ユニバーサルデザインの社会実現への道といえる。

参考文献
1) 高野登、リッツ・カールトンが大切にするサービスを超える瞬間、かんき出版（2005.9）

コラム　交通信号の青・黄・赤は万国共通だけど…

　世界中何処へ行っても信号機の色は青が進め、黄は注意、赤は止まれ。でも、その配列まで正確に覚えている人は？
　色を識別することが苦手な色覚特性の人は、色ではなく点灯している位置で信号を読み取っているのです。色と同時に形、例えば進めは青で○、注意は黄で△、止まれは赤で×というように。そうなればもっとユニバーサルデザインなのに。
　と思っていたら、この課題解決に向けた LED 信号機が九州産業大学とコイト電工株式会社により開発され、2011 年のグッドデザイン賞を受賞している。
　これは最も重要な停止信号が認識できるように、赤色灯の中に特殊な×印の LED 発光体を配列し 100m 離れると一般者には×が見え無くなり、色覚特性を持つ人にだけ×が見えて「必要な情報が必要な人にだけ届く」というユニバーサルデザイン信号だ。

第11章

ユニバーサルデザイン温故知新
〜30年の歴史から次世代に向けて

　ユニバーサルデザインという言葉が誕生して30年以上、さまざまなカタチで社会へ浸透してきた一方で、変化する社会環境を睨めばさらなる課題も見えてくる。次世代のユニバーサルデザインには何が必要か考えてみる。

11.1 はじめに

1985年にロナルド・メイス（Ronald Mace）が『Designers West』誌で「ユニバーサルデザイン：すべての人のためのバリアフリー環境（Universal Design：Barrier free environments for everyone.）」を発表してから30年余り。字義的にいえば、1世代が経過したことになる。

この間、ユニバーサルデザインという概念は、メイス氏への賛同者または批判者による議論と思索を経て、洗練と拡散、派生概念の誕生などを繰り返し、それに基づくさまざまな実践と素晴らしい成果を挙げてきた。

一方で、日本の政府調査によると「ユニバーサルデザインの認知度」は、2005年の64.3%から、2012年に80%を目標とした普及計画とは裏腹に漸減傾向にあり、2014年には50.0%にまで下がる（図11.1）という、ユニバーサルデザインに携わる者にとってはショッキングなデータも上がっている。

国際的に高い評価を受ける日本のユニバーサルデザインの先進性と、この数

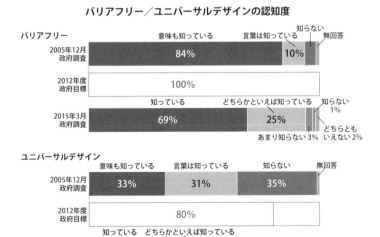

図 11.1　バリアフリー・ユニバーサルデザインの認知度

値との乖離はどこからくるのか？　そして、次世代のユニバーサルデザインを実践していくために必要な視点はなにか？

メイス氏生前最後の講演となった1998年の「21世紀のためのデザイン国際会議（Designing for the 21st Century）」から20年を迎えようとしているいま、氏の（そして同時代の研究者や運動家たちの）まなざしの先見性への再評価を中心に、改めて「温故知新」してみたい。

11.2　UDは一過性のブームだったのか

11.2.1　小学校でのユニバーサルデザイン教育の成果

冒頭に挙げた「ユニバーサルデザインの認知度」の数値だが、政府の思惑はさておき、さほど憂慮することでもないかもしれない。

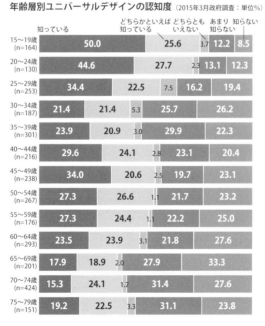

図11.2　年齢別　ユニバーサルデザインの認知度

年代別にみると、15歳から19歳の「知っている」の割合は75.6%、20歳から24歳で72.3%と、若年層ほど認知度が高まっているからだ（図11.2）。これは、小学校教育でユニバーサルデザインが取り上げられている効果の現れだろう。

　2013年に確認したところ、ユニバーサルデザインを取り上げていた小学4年生の国語の教科書が4種あり、都内の小学校の8割がこれらを採用していた。企業による出前事業でもUDをテーマにしたものが数多く実施されている。

　ユニバーサルデザインに関するイベントに集まる小学生の多くが、シャンプーボトルのキザミが誕生したエピソードなど、驚くほどよく理解している。

　このような教育が今後も継続されていくことで、ユニバーサルデザインをめぐる社会認識は、更新されていくに違いない。

11.2.2　グッドデザインはインビジブルデザイン

　認知度の低さを憂える必要がないという点について、もうひとつの側面もある。そもそもユニバーサルデザインが目指してきたものは、利用者にそれと意識されない「Invisible Design（見えないデザイン）」だったということである。

　日本に本格的にユニバーサルデザインが「輸入」されたのは、1997年のグッドデザイン賞に特別賞として「ユニバーサルデザイン賞」が設置されたときといってよいだろう。それまで個人の有志による紹介活動はあったが、グッドデザイン賞はこの年まで通商産業省が主催する（翌年に行政改革の一環として民営化）公のものだったからだ。

　この特別賞としての「ユニバーサルデザイン賞」は、2007年を最後に廃止される。その理由について、2008年の「『グッドデザイン賞』、52年目の新たな出発」にこう記されている。

　「特に『ユニバーサルデザイン』は、極めて新しいデザイン概念でした。同賞創設も契機となり、このテーマに積極的に取り組む企業やデザイナーが増加したことによって、今日では基本的なデザイン概念として迎えられるに至っています。ただしテーマ賞は、その概念が定着すれば役割を終えます。」

　なお、これと入れ替わるように、2008年からドイツで国際的な「Universal

Design Award」が設立されている。

　先の認知度調査の基礎データを含む「バリアフリー・ユニバーサルデザイン推進要綱」の公表は2008年3月。この年、ユニバーサルデザインは、普及期を終えて、本来あるべき「Invisible Design」になったのだと考えれば、一般の人たちにとっての「言葉としての認知度」の向上に、どれほどの意味があろう。

　特別賞としての「ユニバーサルデザイン賞」はなくなったが、ユニバーサルデザインに求められる諸要素は、グッドデザイン賞の審査基準のベースに反映されることになる。つまり、とりたてて「ユニバーサルデザイン」と区別することのない、「グッドデザイン」の基準そのものとなったといってよいだろう。

11.2.3　UDは終わらない〜更新され続けるニーズ

　近年のグラフィックデザインのトレンドをみても、それは明らかだ。コンピュータのインタフェースから広まる「フラットデザイン」、経済産業省が「ツタグラ（伝わるINFOGRAPHICS）」というWebサイトを運営して推進してきた「インフォグラフィックス」。ともに必要な情報をシンプルかつ直感的に伝えようとする、ユニバーサルデザイン経由のユーザビリティ志向が色濃く表れている。

　これらの技術も当然、社会ニーズと無縁ではない。超高齢社会に突入した日本を筆頭とする急伸する少子高齢化、文化圏を越えて進むグローバル化、大規模災害への備え、そして障害者の権利保障。ユニバーサルデザインはブームを終えるどころか、そのニーズは重要性と緊急性を増し、更新され続けている。

11.3　UDの原点、メイスの視点でいまをみる

11.3.1　いま再評価したい、メイスの3つの視点

　メイス氏が提唱したユニバーサルデザインの理念は、さまざまな示唆に富んでいる。彼の直系の継承者も批判的発展者も、それぞれの背景や感性に基づいて、自身が継承すべきと考える要素を拾い上げ、守り、発展させているのであ

ろうと考える。

　そのような認識のもと、本章の趣旨においてとくに拾い上げたいメイス氏の着眼点の要素は、①「障害」の捉え方、②「福祉観」の転換、③「市場性」の重視、の3点である。これらはすべて、現在の社会的トピックにも関わる視点だからである。

11.3.2 「障害」の捉え方〜「みんなのいつか」

　1980年代時点での「バリアフリーデザイン」から「ユニバーサルデザイン」への飛躍の一つは、「障害者」を固定的な存在と捉えるのでなく、一時的なことも含めて、将来的には誰もが障害のある状態を経験するという発想の転換だ。「障害がある状態」をイレギュラーなことと考えず、製品の設計にあたって何らかの障害がある状態で使用されることを前提とする。これは、とくに加齢に伴う身体機能及び認知機能の段階的な不調や、発達障害や記憶・感情に関わる障害のスペクトル（連続）性、その他、あらゆる能力の個体差、さまざまな「ダイバーシティ（多様性）」を考慮するうえでも、非常に有効である。

　「一時的な障害」についても、国際ユニヴァーサルデザイン協議会の「IAUD・UDマトリックス」で「特殊な状況下」をみても明らかなように、「暗い部屋で使う」「慌てている」など、誰もが日常的に経験する「特殊とはいえない状況」が、いわゆる「障害者」が経験している状態と相似形をなしていることがわかる。

　とくに「高次脳機能」に属する「理解」について、外国人や子どもたちが「障害状態」にあることは、「一時的」「特殊」と片づけられてよい時代ではない。グローバル対応、インバウンド政策上も、少子対策・子育て支援政策上も、この視点でのユニバーサルデザインの必要性は高まっていることが明白である。

　これらのことからも、ユニバーサルデザインを「あらゆる人のためのデザイン」と呼ぶことにためらいはない。「みんなのいつも」ではないかもしれないが、「みんなのいつか」ではあるからだ。

11.3.3　障害の社会的モデル〜「障害は外在している」

　障害を個人起因のイレギュラーなことと位置づけないという考え方は、障害に対する認識として「医学モデル（医療モデル、個人モデルとも）」からの転換が求められている「社会モデル」とも密接に関わる視点である。

　障害の社会モデルとは、平たくいうと「障害は個人に属している」のではなく、「社会環境の不備により障害を被っている」という考え方だ。2014年に日本が批准した国連「障害者権利条約」もこの考え方に則って構築されているため、「条約モデル」とも呼ばれる。

　条約では、前文で「障害」を「機能障害を有する者とこれらの者に対する態度及び環境による障壁との間の相互作用であって、これらの者が他の者との平等を基礎として社会に完全かつ効果的に参加することを妨げるものによって生ずる」としている。

　現在は、まだまだ従来の「医学モデル」に基づく認識が根強いが、条約批准をきっかけに「社会モデル」の考えが浸透することで、ユニバーサルデザインへの理解が進み、さらなる発展にもつながることに期待したい。余談ながら、この認識の転換によって「障害者」という表記の「害」の文字をめぐる議論も解消されるはずである。

　また、「障害」を生活者自身のなかでなく、社会環境にあるという視点を敷衍すると、たとえば万全と思えたシステムでさえ、災害によって十全な機能を失うと、それに依存するすべての人が「障害者」になるということでもある。

　だからこそ、防災・減災への備えがユニバーサルデザインの課題の一つとしても捉えられるわけでもある。

コラム　上下作用式の水洗金具のレバー、止水時は上げる？下げる？
　阪神・淡路大震災（1995.1.17）のとき、落下物によって下げられたレバーによって水が出っ放しとなった反省から、「下げて止水」に業界統一された。しかしそれ以前に施工された施設では従来型もあるため、うっかり反対側に操作するとお腹がビショビショになってしまいますから要注意です。

11.3.4 「福祉観」の転換〜「お仕着せのお世話」ではなく

「バリアフリーデザイン」から「ユニバーサルデザイン」への飛躍の重要な視点の2つめは、障害者を生活の主体者として捉えるということだ。

メイス氏を中心にまとめあげられた「ユニバーサルデザイン原則」のガイドラインに「1b.差別感や屈辱感が生じないようにする。」という条項がある。

この一文に、メイス氏がユニバーサルデザインの着想を得たと考えられる1970年代から、この原則をまとめた1990年代の米国における「バリアフリー」の状況、「施しを受ける」当事者の実感が端的ににじみ出ていると感じる。それは現在の日本の福祉観にも、いまだに残っているものかもしれない。

「原則」の編纂者のひとりであるモリー・ストーリー（Molly Story）氏の言葉を借りるなら、「障害を持つ市民に対して、お世話をしてあげよう」というお仕着せへの戒めである。

そしてこれは、2015年の「1億総活躍国民会議」でのタレント民間議員の発案により、日本でも一躍認知度の高まった「ソーシャル・インクルージョン（社会的包摂）」に関わる視点でもある。

11.3.5 ソーシャル・インクルージョン

ソーシャル・インクルージョンとは、社会的排除（エクスクルージョン）の存在しない社会を目指す政策を指し、「社会モデル」と同様に国連「障害者権利条約」のベースとなっている理念である。

「私たちのことを、私たち抜きに決めないで！（Nothing about us without us!）」というスローガンが、その本質を的確に表している。

日本では耳新しい言葉だが、1980年代後半より英国の社会福祉政策を立てる際の理念となる言葉として使われ始めたといわれ、日本では2000年に厚生省の報告書に「インクルージョン」という言葉が初めて公式に使われた。

「ノーマライゼーションからインクルージョンへ」という使われ方もするとおり、ユニバーサルデザインの起源とされる思想であるノーマライゼーション運動の問題点を克服するために生みだされた理念でもある。

> **コラム　色の恒常性**
> 明るい場所で赤いバラは赤い。暗い室内でも赤いバラは赤い。黄色いバナナも同様です。心理学では、恒常性とは、対象が変化しても対象の知覚が雰囲気を比較して普変性を保つとしている。

　そういう意味でも、ノーマライゼーションとインクルージョンの関係は、バリアフリーとユニバーサルデザインの関係にも似ており、インクルージョンとユニバーサルデザインの親和性が高いのは、当然ともいえる。

　また、国策としてこの言葉が使われ始めたのには、人権的な問題と同時に、国家財政的な側面もある。もっとも、このようなことはユニバーサルデザインにも当てはまる。米国発でユニバーサルデザインという言葉が世界的に広まったきっかけは、1993年に始まるクリントン政権が「福祉行政の民営化検討」のためのコンセプトワードとして、この言葉を採用したからだともいわれている。

11.3.6　インクルーシブデザイン

　ユニバーサルデザイン以上にインクルージョンとの親和性が高い考え方に「インクルーシブデザイン」がある。ユニバーサルデザインの類似概念として紹介されることも多いインクルーシブデザインも、その歴史は古い。

　ユニバーサルデザインと関連の深い研究施設であるニューヨーク州立大学のIDEAセンターの名称は「Inclusive Design and Environmental Access」の略であるが、その設立は、メイス氏の最初の論文が発表される前年の1984年にまでさかのぼる。

　インクルーシブデザインをひとことで表すなら、「社会課題を解決するための当事者参加型のデザイン」である。1999年にはインクルーシブデザインの世界的研究機関であるヘレンハムリンセンターが英国王立芸術学院に設置され、以後、欧州ではユニバーサルデザインよりもポピュラーな表現となった。

　かつて、ユニバーサルデザインとインクルーシブデザインは、「目指すところは同じだがアプローチが異なる」などともいわれていたが、2012年10月に

福岡で開催された「国際ユニヴァーサルデザイン会議2012 in 福岡」で、同様の関係にあったデザインフォーオール、ヒューマンセンタードデザインを推進する代表者とともに、名称の違いを越えて協力し合うことが合意された。

11.3.7　「市場性」の重視〜「マーケタブル」

　3つめの視点は、「市場性」を重視していたという点だ。「ユニバーサルデザイン原則」の第一原則にも「marketable」という言葉があるが、バリアフリーからユニバーサルデザインへの最大の転換点は、その普及のために市場原理を利用しようとしたところにある。

　個別あるいは少数者のニーズに合わせて特別に製造するものは、コストがかかるうえ、審美性の面で洗練されにくく、利用者にとって経済的にも心理的にも負担になる。それらのニーズをあらかじめ消費者向け製品の設計に取り込むことで、これらの問題を解決するという戦法である。

　先述のとおり、障害者や高齢者の顕在的なニーズは、あらゆる人にとっての潜在ニーズと相似形であることがほとんどであることから、これは少数者の課題解決を越えて、サイレントマジョリティ（物言わぬ多数派）にとっての利便性向上＝製品の付加価値にもつながる。

　サイレントマジョリティに選択してもらえる製品とするために、「ユニバーサルデザイン原則」において「第一原則」の下位条項のガイドラインには「1d.すべてのユーザーにとって魅力的なデザインにする。(Make the design appealing to all users.)」という一文が、はっきりと明記されている。

　(7原則を紹介する際にガイドラインまで記載しないことで、これまでにどれだけの誤解が生じてきただろう。)

11.3.8　ユニバーサルデザインとCSR

　現在、多くのメーカーは、ユニバーサルデザインへの取り組みを「CSR＝企業の社会的責任」の一環として位置づけて、推進している。

　CSRマネジメントのガイドラインとして利用されている国際標準化機構の社

会的責任規格「ISO 26000」でも、中核主題の1つ「消費者課題」に追加原則として「ユニバーサルデザインの推進」が位置づけられており、ここには何の齟齬もない。

今日的な意味合いでのCSRは、1990年代末から概念整理されてきたものであり、2003年を「CSR経営元年」ともいう。当時の社会情勢から、コンプライアンス遵守や環境対策などの面が強く意識されていたが、当初より「本業としての事業活動による社会への貢献」などを重視する声も多くあった。

CSRの概念成立に強い影響を与えたものに、1997年に英国のコンサルティング会社代表、ジョン・エルキントン（John Elkington）氏が提唱した「トリプルボトムライン」という概念がある。

企業活動の存立基盤として、「経済」「環境」「社会」の3つの側面の総合的なバランスのとれた発展が必要であるとし、環境性能やUD視点などを付加価値とした商品による市場競争力の向上は、重要な取り組みと認識されていた。

しかし、いつしかCSRはコンプライアンス遵守や慈善活動とほとんど同義のように捉えられていった。

この状況は、多くの人からバリアフリーとほぼ同一視されたままのユニバーサルデザインの現状と、あまりにも似ていないだろうか？

11.3.9　CSR から CSV へ

2011年、「CSRからCSVへ」というセンセーショナルな表現で、米国の経営学者マイケル・ポーター（Michael Porter）教授らによって「CSV」という経営戦略コンセプトが提唱され、注目を浴びた。

CSVとは、Creating Shared Valueの略で、「共有価値の創造」「共通価値の創造」等と訳される。「企業が事業を営む地域社会や経済環境を改善しながら、自らの競争力を高める方針とその実行」と定義している。

「CSRに置き換わる」新たな企業戦略として宣伝されたが、後にポーター氏自ら、「Strategy and Society:競争優位のCSR戦略」で2006年に提唱した「戦略的CSR」と同義であることを認めている。

言い換えれば、本来CSRに求められながら停滞していた市場戦略的価値を促進する活動に対し、新たな名前を付けて再活性化しようという試みである。
　CSV実現のための手法の第一は「製品と市場を見直す」ことである。社会的課題を解決する製品・サービスの開発・販売によって、社会価値を高めるとともに、新市場の開拓、市場拡大などによって、自らの企業価値を創造するというアプローチである。
　まさにユニバーサルデザインの視点による製品・サービス開発は、ここに当てはまるのではないだろうか。

11.4　戦略的ユニバーサルデザイン

11.4.1　社会参加としての消費とCSV

　ユニバーサルデザインに対するニーズは、高齢者や障害者、小さな子どもを連れた人たち、異なる文化圏への旅行者たちにとって、重要性が高いことは確かである。しかし、もし「今後いつかの自分にも役立つもの」があったとして、現在、顕在的な困難者ではない多数の人が、それを買おうとするのか、という問題はつきまとう。
　ユニバーサルデザインのメリットのひとつは、旧来のバリアフリーに比べて低コストで済むこととはいえ、1円でも安いものを求める市場に応えるのは、容易なことではない。このような課題に対し、ヒントとなるのが「エコ消費」である。
　現代の消費の特徴は、モノ自体ではなく、そのモノを介在した体験＝コトにあるといわれている。その象徴的なものが、現世利益ではない、将来世代への投資行動・社会参加としてのエコ消費である。
　起業家たちの関心も「ソーシャルビジネス」に向かっている（成熟社会においての活路がそこにしかないという見方もあるかもしれないが）。CSVというビジョンを生みだしたのは、いち経済学者の一派ではない。彼らを通して、時代のニーズが可視化されたに過ぎない。

「社会正義」的なことを「商売」に結びつけることに抵抗感を示す人たちもまだまだ多いようだが、「社会的弱者」と呼ばれる人たちを含む多くの人々に、より使いやすいモノやサービスを最小限のコストで届けることを可能にするのは、企業によるビジネス化と市場競争であり、その普及の加速があることで、初めてユニバーサルな社会の実現が進展するのである。

そういった意味で、経済学派のひとつの流れを持ち上げるのではなく、CSV戦略、共有価値の創造を掲げるビジネススタイルは、正しいと考える。

11.4.2　CSR と CSV の関係で UD を考える

ユニバーサルデザイン商品の開発について、CSRとCSVの関係を補助線に、3つの段階に整理してみたい。

第一は、顕在ニーズへの対応である。現存するさまざまな社会的弱者の使用上の不便・障壁（バリア）を是正・解消することであり、現状のマイナスをゼロに近づける、文字通りのバリアフリー設計の段階である。

「高齢者・障害者への配慮」などの公的指針に則った開発など、ポーター氏が「義務的・社会貢献的」と呼ぶ「受動的CSR」の段階ともいえよう。社会的意義は高いが、ビジネスとしては「コスト」と意識されやすいものである。

第二は、上記のニーズから視点を一段階上げて、より多くの人々のニーズを取り込む、「ユニバーサルデザイン」という言葉をもっともイメージしやすい段階である。

品質保証基準や開発ガイドラインなどにUD的視点を取り入れることで、使用価値や品質保証レベルが向上し、より使いやすい商品の提供により、差別化・対競合商品競争力の強化も期待できる。一般ユーザーにとっての顧客満足（CS）度も上がり、レピュテーションの向上につながる場合もあるだろう。

第三は、潜在的なニーズや社会課題を捉えて解決策を提供することで、新たな市場を創造し、イノベーションを起こすCSVの段階である。商品開発の場面はもちろん、事業戦略にUD視点を取り入れて推進していくことで、ブランド価値の向上も期待できる。

11.4.3 リードユーザー法

製品開発のアプローチ方法として、「リードユーザー法」というものがある。リードユーザーとは、①市場で将来一般的になるニーズに直面している。しかも、大部分のユーザーがそれに直面する何年か何ヵ月か前にこれを認識している。②ニーズに対する解決策を獲得することで高い便益を得る。と定義される。

マーケティングの現場では、従来から想定ユーザー層の意見を取り入れることはあったが、近年はより革新的な製品開発を行うためにこうしたリードユーザーを活用する「ユーザーイノベーション」が重視されてきている。

ユニバーサルデザインの周辺で、この手法にもっとも意識的なのは、デザインプロセスの上流から使用者の意見を「巻き込む」ことを重視するインクルーシブデザインである。

この手法により、高齢者や障害者をはじめとした「日常的に困っている人たち」の視点や彼らが独自に実践している工夫をヒント（気づき）に、潜在的な社会ニーズを導きだすことで、「いま現在は困っていない人たち」も含めた、より多くの人にとって「より使いやすい＝使いたくなる」モノやサービスを創出できる。

ユニバーサルデザインの代表例のひとつであるシャンプーボトルのキザミも、ひとりの利用者が生活のなかでの独自の工夫として輪ゴムを巻いて識別していたことをメーカーが知ったことから製品に取り込まれ、規格化にまでつながったというエピソードは有名である。

11.4.4 リードユーザーとしてのシニア層

ユニバーサルデザインが対象とするのは「あらゆる人」であり、高齢者や障害者には限らない。とはいえ、その成立過程における直接的な要因となったのは、高齢化に伴う障害者の増加であったことは否定できないし、否定する必要もない。

シニア層の身体能力起因のニーズは、あらゆる人の潜在ニーズが顕在化したものと捉えることができるからだ。

第一に、障害者の7割は高齢者であること。加齢に伴う身体機能の低下や疾病、怪我の後遺症などによる後天的な障害も、先天的なものも含めた若年者の障害による生活上の困難の参考になる。

　第二に、誰もが加齢に伴い不調が増すこと。多くの障害は、40歳代前後から不調として顕在化し、徐々に深刻化する。

　第三に、多くの障害はスペクトル（連続体）であること。深刻度・頻度の差はあれ、一時的・将来的に障害は生じる。

　第四に、「医学的な障害」と「状況としての障害」の現象は相似であること。身体・知覚・認知能力を発揮できない状況は、誰もが日常的に経験する。

　また、マーケットとしてのボリュームが大きいことから、市場投入時早期の普及とコスト回収が比較的しやすいという側面もある。

　さらに、世界に先駆けた超高齢社会を経験している日本は、国として世界における「リードユーザー」になっているともいえる。そこで生み出される解決

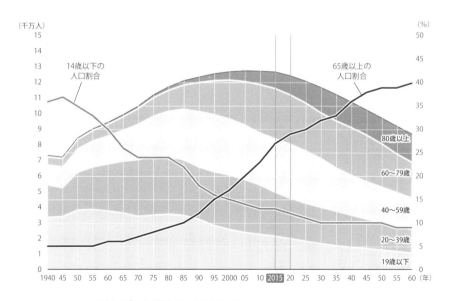

図 11.3　日本の人口構成の推移と将来推計

策は、世界がこれから経験する課題を先取りするものだ。

　それらを輸出産業化できれば、日本は「ソリューション大国」というポジションさえ獲得できるポテンシャルを秘めているのである。

11.4.5　シニア層の多様性〜激動の時代にまたがる世代

　日本で高齢者を「シニア」と呼ぶようになったのは、1980年代後半にそれまでの10年余り使われてきた「シルバー」のイメージを払拭するためで、とくに広く使われるようになったのは2000年ごろからのようだ。

　50代から65歳までを指すこともあれば、65歳以上ということもあるが、いずれにしてもほとんどの人が自分をシニアと呼ばれることを好まない。シニア向け商品は、その対象者に「自分に向けられたもの」だと「直感的に判断できる」ことが望まれる一方で、「年寄り扱いされたくない」という自尊心にも配慮しなければならないという難しさがある。

　また、それでもこの30年近く、シニアに代わる新たな表現がいろいろと作り出されていながらなかなかとって替わるものが定着しないことにも、この層の複雑さが現れているといえよう。そのため、ひとくくりに「シニア向け」を狙った商品・サービスの多くが、失敗してきている。

　ひとくちにシニアといっても、50代と70代では健康状態も家族構成も大きく異なる。さらに、戦前、戦中、戦後、高度経済成長期と、それぞれの価値観を育んだ時代が異なること、さらにはボリュームゾーンの「団塊の世代」以降は、価値観の多様化の時代だったことから、とくに価値観の個人差が大きい。

11.4.6　シニアマインドの変化スピードに注意

　マーケットとして捉えづらいのは、その幅広さのためばかりではない。当然のことだが、人は一年に一歳ずつ齢をとり、ライフステージも移っていく。

　あるライフステージに対して一定のイメージを設定しても、次にそのステージに入ってくる人々は、培ってきた価値観やライフスタイルの異なる人々なのである。価値観と年齢層の関係が更新されていき、かつライフステージによる

		2005年	2010年	2015年	2020年
■後期高齢者（75歳～）					
■前期高齢者（65～74歳）					
■高齢者予備軍（55～64歳）					
■シニア層を親に持つ世代（40～54歳）					
大正世代	（1912-26）	78～93歳	83～98歳	88～103歳	93～108歳
昭和ヒトケタ世代	（1926-34）	70～79歳	75～84歳	80～89歳	85～94歳
焼け跡世代	（1935-39）	65～70歳	70～75歳	75～80歳	80～85歳
戦中生まれ世代（≒プレ団塊世代）	（1941-46）	58～64歳	63～69歳	68～74歳	73～79歳
全共闘世代	（1941-49 ＊大学進学者）	55～64歳	60～69歳	65～74歳	70～79歳
団塊の世代	（1947-49）	55～58歳	60～63歳	65～68歳	70～73歳
ポスト団塊世代	（1950-55）	49～55歳	54～60歳	59～65歳	64～70歳
断層の世代	（1951-60）	44～54歳	49～59歳	54～64歳	59～69歳
しらけ世代	（1950-64）	40～55歳	45～60歳	50～65歳	55～70歳
新人類世代	（1961-70）	34～44歳	39～49歳	44～54歳	49～59歳
バブル世代	（1965-69）	35～40歳	40～45歳	45～50歳	50～55歳
団塊ジュニア世代	（1971-74）	30～34歳	35～39歳	40～44歳	45～49歳

図11.4　世代を表す言葉と5年ごとの年齢層の変化

変化要因もあるため、単純なスライドではないのだ。（図11.4）

　ボリュームゾーンとしての団塊の世代の次に市場が期待しているのが、消費に積極的な「バブル世代」であるが、現在50代の彼らが60代になったとしても、現在の60代とはまったく異なる価値観をもち続けているはずである。

　シニア層をリードユーザーにと勧めておきながら否定的な要素を並べたが、世代が変わってもあまり変わらないことがある。身体の老化である。嗜好的なアプローチではなく、身体機能の制約に着目した機能性からの開発アプローチは、有効だということである。

　嗜好に関わる要因は、基本設計をそのままに、装飾のバリエーションやオプション機能、セールスプロモーション上の表現で対応すればよいことだ。

11.5　次世代ユニバーサルデザインのために

11.5.1　「あたりまえ」という思考停止に陥らない～不断の認識更新

　「高齢者はこういうものだ」という思い込みからは、高齢者が求めるものは生みだせない。それは、高齢者には限らない。「あたりまえ」という思い込み

をつねに疑い続けることが、イノベーションの基本姿勢である。

　ユニバーサルデザインに携わっていると、「どうなっていればユニバーサルデザインといえるのか？」と問われることも多いが、ユニバーサルデザインに絶対的な「回答」はない。顕在化した問題への解決策であるバリアフリーが、ある程度、規制等により対応できるのと異なるところである。

　卑近な例でいえば、一時期、「UDといえば文字はゴシック体」などといわれ、また色覚バリアフリーへの消極的な対応として極端に色数を減らすことなどにより、抑揚のない文字媒体が増えたこともあったが、2006年以降さまざまな「UDフォント」がつくられ、配色テクニックも磨かれたことにより、グラフィック表現の幅は広がった。

　もちろん、一定の成果が得られた解決例を「新たなあたりまえ」として蓄積し、広めていくことは重要である。とくに事故事例のデータベースから得られるビッグデータなどは、新たな可視化ツールとして、ぜひ積極的に活用していきたいものだ。

　しかし、社会はつねに変化していくものであり、またよりよい解決策につながる技術も、つねに生みだし続けられていく。そもそも、ひとつの方法で一朝一夕に解決できる社会課題などはない。不断の認識更新が必要なのだ。

　見方を変えれば、だからこそユニバーサルデザインは、つねにクリエイティブであり続けるチャレンジングな領域なのである。

11.5.2　点字と手話だけでよいのか

　視聴覚障害者への対応として、真っ先に思い浮かぶのは、点字や手話だろう。これらがコミュニケーションのバリアフリー／ユニバーサルデザイン施策として、重要であることは間違いないが、これで「ことたれり」と思い込んではいないだろうか。

　視覚障害者のうち「点字ができる人」は13％に過ぎず、聴覚障害者のうち「手話を利用している人」も19％に過ぎないという現実を見落としてはならない。成人して以降に視聴覚を失った場合、これらを読み取る能力の習得機会が得ら

れにくいという現実があるからだ。また、点字も手話も、世界共通語ではないということも忘れてはならない。

だからこそ、音声や字幕によるサポートが重要なのであり、それをリアルタイムで、正確に実行できるシステムの開発が必要なのである。

11.5.3　テクノロジーへの期待と脆弱性への注意

現在、インバウンド政策への対応として、多言語翻訳システムの開発が盛んだ。まだまだ完璧な同時通訳者とはいえないが、人工知能の発達スピードをみるに時間が解決する問題かもしれない。

一方、翻訳の精度の問題を抜きにすれば、これは国内の視聴覚障害者のニーズを満たすのに十分な技術要素は揃っていることになるはずだ。しかし、それが実現できているであろうか。

音声や字幕によるサポートは、視聴覚障害者に限らず多くの生活シーンで有益な需要の高い手段であり、あとはどれぐらい本気で普及させるかという、別の次元の問題になる。

反面、メカニカルな装置、とくに電気の使用を前提としたシステムに頼りきることの問題もある。それが災害時に機能しないのであれば、命の危機にさらされることにつながるからである。

テクノロジーの活用と同時に、生身の人間によるアナログなコミュニケーション手段を絶やさず、かつ国際的に通用する、より万人に利用できる方法を生みだし、普及し続ける必要があることも忘れてはならないだろう。

11.5.4　PDFは過渡的技術

テクノロジーといえば、Webのアクセシビリティやユーザビリティへの対応は、ガイドライン化が図られるなど、他の分野に比べて非常に進んでいるように見受けられる。

しかし、気がかりな点が、ひとつある。PDFデータの読み上げだ。これを実現するためのアプリケーションソフトは存在するが、PDFデータのもととなる

ドキュメントを作成する人々が、読み上げを前提としたデータをつくることは、その仕様上、現実的に困難といわざるを得ない。

PDFデータは、印刷用のレイアウトデータを制作したアプリケーションソフトに依存せずに表示できるようにしたものであり、「Webブラウザでも表示できる」というものに過ぎない。決してWebネイティブな技術ではないのだ。

音声読み上げ対応の面でも、ユーザーの視覚やブラウジング環境に応じた表示への対応という面でも、PDFは過渡的な技術であり、ユニバーサルデザインに適したものではないという認識が必要だろう。

11.5.5　開拓すべき領域、認知面への対応

建築分野のバリアフリーから始まったユニバーサルデザインは、四肢や視聴覚に関わるバリアの除去については、十分とはいえないまでも大きな成果と、今後に期待できるノウハウを蓄積してきたといえる。

しかし、高次脳機能、つまり記憶や理解に関わる能力の多様性への対応については、まだまだこれからといわざるを得ない。

現在、高齢者のさらなる増加ばかりでなく、若年性も含めた認知症の問題が重要視されている。また、近年注目が高まる成人も含めた発達障害や認識パターンの多様性、その他、記憶や理解、心理的状況による行動の変異など、認知面の研究が進んでおり、データが更新され続けている。

製品やサービスの設計開発を生業にしている現役世代の人々が、万全の体調で想定する自分にとっては「あたりまえ」の認識パターンが、他者に通用するとは限らない。これからのユニバーサルデザインが注目し、開拓すべき分野のひとつがここにある。

11.5.6　見せる・伝えるユニバーサルデザインへ

ユニバーサルデザインは、「可愛そうな人たちのためのもの」ということを声高に宣言するものではない。そういう意味でも「インビジブルデザイン」ではあったかもしれない。しかし、そもそもユニバーサルデザインは「可愛そう

な人たちのためのもの」ではなく、「みんなのいつかに役立つもの」なのである。

　そこには、声をひそめる理由などない。顕在的な不具合を解消するだけでなく、明確な開発方針のもと、リードユーザーたちの声や最新の研究・技術開発の成果を反映したモノやサービスを創出し、そのメリットをきちんと伝えることで、「買いたくなる＝支持したくなる商品」に育て上げることが重要だ。

　ヒット商品に育て上げ、ロングライフ化、あるいは後継商品によるすそ野の拡大により、より手軽に買える価格帯で、多様な生活者の一人ひとりが自分に合ったものを選べるような選択の幅を広げる。

　このサイクルによるUD視点のスタンダード化と新たな視点の獲得による発展こそが、いま改めて認識されるべき、古くて新しいユニバーサルデザインの本流ではないだろうか。

参考文献
1) Ronald L. Mace (1988), A Perspective on Universal Design (加藤泰孝訳「ユニバーサル・デザインの全体像理解」)
2) 岡本 明（2011）「電子情報通信学会『知識の森』S3群－10編－7章 ユニバーサルデザイン」
3) 川原啓嗣（2009）「ユニヴァーサルデザインの国際的動向と今後の展望」『名古屋学芸大学メディア造形学部研究紀要 vol.2』
4) 内閣府（2005）「バリアフリー・ユニバーサルデザインの認知度」『バリアフリー化推進に関する国民意識調査』
5) 東俊裕（2016）「障害の『ICFモデル』と『条約モデル』」『くまもと　わたしたちの福祉』2016年1月31日　第68号（熊本学園大学附属社会福祉研究所）
6) 石田享平（2001）「ユニバーサル・デザインの原則　ユニバーサル・デザインのABC その三」『北海道開発土木研究所月報』No. 575
7) 川崎和夫「［デザインのことば］［ゆ］［U］ユニバーサルデザイン［Universal design］」『DESIGN-LANGUAGE by Kazuo KAWASAKI at AXIS』
8) 磯村歩（2007）「ユニバーサルデザインとインクルーシブデザインの違い」『イソムラ式』
9) 相良二朗（2013）「ユニバーサルデザインがもたらすもの」『パナソニック技報』Vol.59 No.1
10) 山吹善彦（2011）「戦略的CSRとCSV（共通価値創造）」『ESG国内外調査情報』
11) 斉藤徹（2014）「超高齢社会マーケティング―8つのキーワードで攻略する新・注目市場の鉱脈―」
12) 厚生労働省（2006）「平成18年身体障害児・者実態調査結果」

コラム　ユニバーサルデザインとアクセシブルデザイン

ユニバーサルデザインは日本と米国のみで通用する
欧州では、デザインフォオールやユーザビリティが通用する
「ISO/IEC Guide 71」は、欧州の主張によりアクセシブルデザインに統一された。それで、世界共通語はアクセシブルデザインとなった。
ユニバーサルデザインはアクセシブルデザインを包含する（思想と方法論とも）。

コラム　駅名票

鉄道の駅名票、当該の駅名と前後の駅名が、漢字とひらがなで書かれていた時代から進化している。

アルファベット表記が加わり、中国語とハングルも加わったものも現れている。さらに言語がわからない人へも配慮して、路線ごとにナンバリングされた番号を表示するようになってきた。駅ナンバリングは多くの交通事業者が採用して広まりつつある。

地下鉄5路線が集まる東京の大手町駅、東京メトロは丸ノ内線が「M 18」、東西線が「T 09」、千代田線が「C 11」、半蔵門線が「Z 08」、都営地下鉄三田線は「I 09」となる。

UD関連年表

(注) ▢:世界、▢:日本

年	月	
1945	10	「国際連合」設立
1946	11	「国際連合教育科学文化機関（ユネスコ）」設立。重点目標として「万人のための基礎教育」「文化の多様性の保護および文明間対話の促進」
1946	11	「日本国憲法」公布
1946	12	国際連合児童基金（ユニセフ）設立
1948	6	英国「国民保健法」「国民医療サービス」「国民扶助法」の三法が同時に施行され、「福祉国家」の原型が確立
1948	7	ヘレン・ケラー女史の来日を契機に身体障害者援護施策の立法化について世論の高まり
1948	7	ロンドンオリンピック開会式と同日、イギリスの病院でパラリンピックの起源「ストーク・マンデビル競技大会」（戦争で負傷した兵士たちのリハビリテーションとして「手術よりスポーツを」の理念で）
1948	12	第3回国連総会「世界人権宣言」採択（すべての人民とすべての国とが達成すべき共通の基準）
1949	9	国連「道路交通に関する条約」の附帯議定書として道路標識の国際統一を目指す「道路標識及び信号に関する議定書」提唱
1951	7	ユネスコに日本加盟
1953		デンマークのニルス・エリク・バンク＝ミケルセン、社会省に報告書「ノーマライゼーション」提出。（知的障害者の家族会の施設改善運動から生まれた理念。「障害者を隔離するのではなく、障害を持っていても健常者と均等に当たり前に生活できるような社会こそがノーマルな社会である」）
1954		米国、「分離すれども平等」としていた人種隔離政策を違憲としたブラウン判決を機に「公民権運動」高揚
1956	12	第11回国連総会で日本加盟承認
1956		国連の報告書で「高齢化率が7％を超えると高齢化社会 aging society」と定義（フランス、ノルウェー、スウェーデン）
1957		日本商品による模倣問題を背景に通商産業省「グッドデザイン商品選定制度」開始
1958	5	通商産業省「デザイン課」設置
1959	11	「日本老年医学会」「日本老年社会科学会」設立
1959		デンマーク「知的障害者及びその他の発達遅滞者に関する法律（1959年法）」制定。ノーマライゼーションのはじまり
1960	5	日本初の「国際デザイン会議（World Design Conference）」「今世紀の全体像　デザイナーは未来社会に何を寄与しうるか」をテーマに東京で開催
1960	9	国際ストーク・マンデビル競技大会開催（後に「第1回パラリンピック」と呼ばれる）
1960	11	米国、自身が移民で精神遅滞者の姉を持ち、公民権やノーマライゼーションを志向したケネディが大統領就任
1961	1	米国、朝鮮戦争の傷痍軍人に対しての政策として「身体障害者にアクセスしやすく使用しやすい建築・施設設備に関するアメリカ基準仕様書ANSI 117.1」策定（後のADAのベースに。英国も1963年に同様の法規を制定）。（すでに「バリアフリー」という言葉はごく限られた人たちが使っていたが「アクセシブル＆ユーザブル」という表現に）

248

年	月	事項
1963	8	米国、人種差別撤廃を求める市民集会ワシントン大行進。キング牧師の演説「私には夢がある」が公民権運動に大きな影響。
1963		英国「Accessible for the Disabled to Buildings」規格化
1963		英国セルウィン・ゴールドスミス『Designing for the Disabled』発刊（世界中の建築設計バリアフリーのバイブルに）
1963		国連総会「人種差別撤廃宣言」採択
1964	4	NHK「盲人の時間」放送開始
1964	7	米国「公民権法」成立（人種、皮膚の色、宗教、出身国、性別を基にした差別禁止。後の障害者政策に大きく影響）
1964	10	東京オリンピックで勝見勝ディレクティングによる競技種目、施設等のピクトグラム（日本の家紋から発想）が海外で高く評価
1964	10	東京オリンピックにあわせ「第2回パラリンピック」開催（国際／国内の二部構成。「パラリンピック」という愛称は日本人の発案）
1965	12	国連総会「あらゆる形態の人種差別の撤廃に関する国際条約（人種差別撤廃条約）」採択
1965		「点字ブロック」日本で発明
1967		米「雇用に関する年齢差別禁止法」制定
1968	2	WHOはクラーク勧告により日本の閉鎖的収容主義的な精神医療の在り方を非難
1968	11	国連総会「児童権利憲章」採択
1968		米国「建築障壁法」制定。世界初のバリアフリー法
1969	12	国連「社会進歩と発展に関する宣言」採択（障害者の権利の保護と福祉の保障、ならびに身体的・精神的に不利な条件の者の保護という目標が含まれている。）
1969		スウェーデン「国立ハンディキャップ研究所」設立、「エルゴノミデザイン」設立。対象者は身体障害者だけでなく、旅行者、子連れなども含む
1969		スウェーデンのベンクト・ニィリエ「ノーマライゼーションの原理」発表。世界中に広まる。
1969		国際リハビリテーション協会、障害者によるアクセスのための「国際シンボルマーク（車椅子マーク）」制定
1970		1981年の「国際障害者年」に向けて世界保健機関（WHO）「障害ある人の調査」実施。協力学識者のなかにロナルド・メイス。
1970		ヴィクター・パパネック『Design for the Real World（邦題：生きのびるためのデザイン）』スウェーデンで発行。翌年、米国で発行（複数の出版社に断られ発行が遅れる）。1974年、邦訳発行。
1970		国勢調査で「高齢化社会」に（高齢化率7.1%）
1972	3	パイオニア10号打上げ。カール・セーガンらによる金属板のインフォグラフィック
1972	8	アラン・ケイ「すべての年齢の『子供たち』のためのパーソナルコンピュータ（A Personal Computer for Children of All Ages）」＝「GUI」を採用した小型PC「Dynabook構想」発表
1972	8	ミュンヘンオリンピックでオトル・アイヒャーが新たな一連のピクトグラムを作成。これが一般に広まり、公共の標識などでの棒線画の利用に影響を与える。
1972		スウェーデンとドイツが世界に先駆けて「高齢社会」に（高齢化率14%超え）
1972		デザイン企業4社が「RID（Rehabilitation Instruments Design）グループ」結成。共用品の基「グレーゾーン」提唱。
1973	7	田中角栄内閣「福祉元年」と位置づける（「老人医療費公費負担制度」創設など）
1973	9	国電中央線に老人・身体障害者優先席『シルバーシート』を指定

年	月	内容
1973		米国、本格的な字幕放送の開始（料理番組から）
1973		米国「リハビリテーション法504条」制定。連邦政府による障害者差別の禁止。ベトナム戦争以降増加した障害者（負傷兵、ポリオ大流行、交通事故増加…）への特別の対策から障害者の権利に関する法整備が進む。→市場性が得られず形骸化
1973		米ゼロックス社のPARC（パロアルト研究所）でGUI（アイコンやマウスでの操作方法）を採用したコンピュータAltoが完成
1974	6	国連障害者生活環境専門家会議「バリアフリーデザイン」と題する報告書をWHOに提出。ISOに障害者のニーズに関連する施設、ハードウエア、設備の国際標準を扱うように要請。ロナルド・メイスによる報告書の中に、はじめて「ユニバーサルデザイン」という言葉が使われる。
1974		ルネ・ルノワール『排除された人たち—10人に1人のフランス人』発行（インクルージョンの対語「エクスクルージョン」という言葉を初めて使用）
1974		知的障害者親の会『愛護』誌上座談会で「ノーマライゼーション」という語が文献等に初めて登場
1974		米国「公正住宅法」制定（人種、皮膚の色、宗教、性別、家族形態、国籍、さらには心身の障がいをその理由に住宅を利用できないとすることは違法）
1975	6	国連「国際婦人年世界会議」開催
1975	12	国連「障害者の権利宣言」採択（すべての障害者を対象とする）
1975		米国「全障害児教育法」制定
1976	4	「デザイン会議Design for Need」開催（後のUDに繋がる源流）
1976		リチャード・ソール・ワーマン（1984年にTEDカンファレンス創設）が「情報アーキテクチャ」提唱
1978		米国イレーン・オストロフ「アダプティブ・エンバイロメンツ・センター」設立（後のIHCD（Institute for Human Centered Design））
1979	12	国連総会「女子差別撤廃条約」採択
1979		ジェイムズ・J・ギブソン『生態学的視覚論—ヒトの知覚世界を探る』発行
1981	10	第1回国際アビリンピック開催（東京）
1981		国連「国際障害者年」。「完全参加と平等」がスローガン。ノーマライゼイションの理念の認知度を高め、その後の社会福祉の基本理念に（「障害者の権利宣言」後も障害者の権利が守られにくい状況を受けて）
1981		厚生白書「ノーマライゼーション」を紹介
1982	3	総理府「障害者対策に関する長期計画」策定（国際障害者年にちなみ、障害者の社会参加を支援する総合的なビジョンを明確にした）
1982	4	「非常口」ピクトグラム施行。1979年公募、1982年1月消防庁告示、1987年にISO 6309に組み込まれ、国際標準に
1982	7	国連「第1回高齢者問題世界会議」開催（「高齢化に関するウィーン国際行動計画」採択）
1982	12	国連総会「障害者に関する世界行動計画」及び「障害者に関する世界行動計画の実施」採択「国連障害者の十年」（1983年～1992年）の宣言
1982		RIDグループ、JIDA機関誌で「グレーゾーン」紹介
1982		公衆電話のダイヤル数字5にポッチをいれる（電電公社）
1983	3	運輸省「公共交通ターミナルにおける身体障害者用施設整備ガイドライン」策定 国鉄「点字ブロックの設置義務化」

年	月	事項
1983		ヴィクター・パパネック『人間のためのデザイン（Design for Human Scale）』発刊
1983		パトリシア・ムーア「私は三年間老人だった（Disguised）」発刊。老女に変装して生活しながら、全米を回り、高齢者が直面する差別の実態に関し身をもって体験。その経験を記した著書、ベストセラーに。
1983		国連「国連・障害者の10年」開始（1983-1992） 「予防・リハビリテーション・機会均等化」の三本柱から当時の国際的な障害者分野の基本政策文書「障害者に関する世界行動計画」の実施期間としてこれが位置づけられた。機会均等化がユニバーサルデザインとも関係している
1984	1	米アップル「Macintosh」発売
1984	8	米国「アクセシビリティ統一連邦基準（UFAS: Uniform Federal Accessibility Standards）」制定
1984		「どこでもコンピュータ」をめざす「TRONプロジェクト」開始
1984		ニューヨーク州立大学バッファロー校にIDEA（Inclusive Design & Environmental Access）センター創設
1985	8	建設省「視覚障害者誘導用ブロック設置指針」策定（先の国鉄の動向とあわせて世界でも非常に高い視覚障害者誘導用ブロック敷設率の発端となった）
1985		英国ブライアン・シャックル「情報技術に対する人間工学（ITE: Information Technology Ergonomics）」を提唱
1985		『デザイナース・ウエスト』誌にUDに関する最初の論文「ユニバーサルデザイン すべての人のためのバリアフリー環境」発表。この頃から一般市民が手に入れられる書物にロナルド・メイスが「ユニバーサルデザイン」を紹介し始める。 『ユニバーサルデザインとは，建物や設備を，余分なコストがゼロかほんの少しで，すべての人々に魅力的かつ機能的に設計する方法である．このアイディアは，移動に困難がある人々のための製品や設計に付けられている特別のというラベルを取り除くためのものである．加えて，現在多く見られるアクセシブル・デザインの企業宣伝的な画一的な見かけを排除するものである』
1985		テレホンカードに「切り欠き」
1986	6	米国「リハビリテーション法508条」施行（電子・情報技術に関する障害者の差別禁止）
1986		玩具、家電に「声によるカタログ」
1986		米国ドナルド・ノーマン「ユーザ中心設計（user centered design）」提唱
1987		ISO/IEC Guide 50「安全側面－子供の安全指針」発行
1987		日本で制定された「非常口」マークがISO 6309:1987（Fire protection-Safety signs）に採用される。
1987		厚生省と建設省「シルバーハウジングプロジェクト（高齢者世話付住宅）」開始（高齢者用住宅のビジョンを検討する重要な出発点となった）
1988		米国で商用インターネットが始まる
1988		ドナルド・ノーマン『誰のためのデザイン？──認知科学者のデザイン原論』出版
1988		米国「公正住宅法」改正（差別禁止対象者に障害者と子供のいる家族を追加）
1989	11	国連総会「児童の権利に関する条約」採択
1989		ロナルド・メイスを中心に「センター・フォー・ユニバーサルデザイン」がNIDRRの援助で設立
1989		厚生省・大蔵省・自治省「高齢者保険福祉推進10ヵ年戦略（ゴールドプラン）」策定（高齢者のための総合福祉施設整備や「寝たきり老人ゼロ作戦」展開が積極的にうたわれるようになり、在宅福祉への転換へのパラダイムシフトがおこり、地域社会でのバリアフリー化にもつながっていく）

年	月	事項
1990	7	米国「障害をもつ米国人法（ADA）」制定（(1) 雇用過程での有資格障害者に対する差別の禁止 (2) 不特定多数の人が利用する施設におけるアクセスの保証 (3) 輸送機関でのアクセスの保証 (4) 聴覚および言語障害がある人に対しての健常者同様の電話サービス保証）
1990	10	神奈川県が建築安全条例にバリアフリーを導入。大阪・兵庫・東京が続く。
1990		通産省「情報処理機器アクセシビリティ指針」策定
1990		日本玩具協会「小さな凸委員会」設置。「共遊玩具推進活動」開始（「盲導犬マーク」表示開始）
1991	12	国連「高齢者のための国連原則」採択。テーマは「すべての世代のための社会をめざして」
1991		「E&C（Enjoyment & Creation）プロジェクト」発足（後の「共用品推進機構」）。「共用品・共用サービス」を提唱
1991		英国王立芸術大学院（RCA）ロジャー・コールマン「DesignAgeプログラム」（～1998）後に「インクルーシブデザイン」提唱
1991		国際玩具協会、日本発の「盲導犬マーク」を国際共通マークとして採用
1991		米マーク・ワイザー「ユビキタスコンピューティング」提唱
1991		識別商品第1号発売。シャンプー容器に「ギザギザ」
1992		日本玩具協会・共遊玩具推進部「耳の不自由な人々の為に配慮された玩具」に「うさぎマーク」表示開始
1993	3	総理府「障害者対策に関する新長期計画～全員参加の社会づくりをめざして～」策定（各方面のノーマライゼーション実現を促進させるための長期的計画）
1993	4	ESCAP「アジア太平洋障害者の10年」スタート（1993～2002）
1993	8	米アップル「Newton」発売
1993	12	「障害者基本法」制定（「心身障害者対策基本法」の改正。精神障害も含む。障害者の自立と社会・経済・文化などのあらゆる分野での参画と共生を促す。「情報の利用等」も追加
1993	12	国連総会「障害者の機会均等化に関する標準規則」採択
1993		家電製品協会「操作性向上のためのガイドライン」発行
1993		北欧、D. Schuler and A. Namioka「参加型デザイン（participatory design）」
1993		欧州「デザインと障害研究所（EIDD）」設立（現「Design for All Europe」）1998より「Design for All」を明言
1994	10	World Wide Web Consortium（W3C）創設
1994	12	国連総会『障害者の社会への完全統合に向けて,「障害者の機会均等化に関する標準規則」と「2000年及びそれ以降への障害者に関する世界行動計画を実施するための長期戦略」の実施』を採択
1994		RCAロジャー・コールマン、デザインと高齢化に特化した「欧州ネットワーク」設立。国際エルゴノミクス会議で「The Case for Inclusive Design」発表
1994		RCAを中心に欧州のデザイナー約30名が「Design for Ageing Network（DAN）」設立。「年齢や障害の有無に関わりなく」
1994		ヤコブ・ニールセン「ユーザビリティエンジニアリング原論」発行
1994		米国でライターのチャイルドレジスタンス法制化
1994		ユネスコ「特別なニーズ教育に関する世界会議」開催。「サラマンカ宣言と行動大網」を採択。「インクルージョンの原則」を表明
1994		建設省主導「高齢者・身体障害者等が円滑に利用できる特定建築物の建築の促進に関する法律（ハートビル法）」制定。

年	月	出来事
1994		厚生省他「エンゼルプラン」(「子育て支援社会」の構築)、「新ゴールドプラン」を策定(少子高齢化が、人口統計上で深刻化するとの読みが強まり、高齢者の地域社会での自立を促進する上での方向性を決定。バリアフリーもその一角に)
1994		厚生大臣の私的懇談会である高齢者社会福祉ビジョン懇談会、少子・高齢社会に向けた「21世紀福祉ビジョン」報告
1994		生命工学工業技術研究所「設計のための人体寸法データ集」発行。2005年に産業技術総合研究所デジタルヒューマン工学研究センター「AIST人体寸法データベース」として公開。
1995	8	米マイクロソフト「Windows 95」発売。一般の人にインターネットが急速に広まる
1995	11	総理府主導で厚生省が中心になり「障害者プラン〜ノーマライゼーション七ヶ年プラン〜」策定と「高齢社会対策基本法」制定(障害者・高齢者が地域社会で安心して暮らせるためのバリアフリー化を視野に入れた一層質の高いビジョンが形成される)
1995	12	センター・フォー・ユニバーサルデザインが「ユニバーサルデザインの原則」公表
1995	12	国連「人種差別撤廃条約」加入
1995		国勢調査で「高齢化社会」から「高齢社会」に(高齢化率14.5%)14%以上で「高齢社会」、21%以上で「超高齢社会」。この基準は日本国内だけで、なぜ7%、14%、21%なのか、明確な基準もない
1995〜		経済産業省および共用品推進機構が「共用品(福祉用具を除く高齢者・障害者配慮製品)市場規模調査」実施
1996	6	「障害者用トイレ」から「誰でもトイレ」へ(「東京都福祉のまちづくり条例施行規則」)
1996	6	浅野房世、亀山始、三宅祥介『人にやさしい公園づくり―バリアーフリーからユニバーサルデザインへ』出版
1996	7	アトランタ五輪のリアルタイム字幕放送
1996	7	総務庁中心「高齢社会対策大綱」策定(地域社会への高齢者参加の促進をねらい、地域環境のユニバーサルデザイン化促進がひとつの支援要因として組み込まれている)
1996		「点字ブロック統一規格」JIS化
1996		缶ビールに点字表示
1996		ノキアがスマートフォンの原型ともいえる「Nokia 9000 Communicator」発売
1996		米国「テレコミュニケーション法255条」成立
1996		米国アダプティブ・エンバイロメンツ・センターに連邦政府から予算。ADAに関する技術支援・訓練・情報提供。 クリントン政権時代(1993.1-2001.1)に福祉行政の民営化を検討するにあたって、監督・訴訟・運営・教育のためのコンセプトとして、ユニバーサルデザインを掲げ、世界的なデザイン用語に
1997	4	「ユニバーサルデザインの原則(Version 2.0)」公表
1997	5	JR東日本、シルバーシートを「優先席」に改称
1997	10	「グッドデザイン賞」に『ユニバーサルデザイン賞』(〜2007)
1997	10	『季刊ユニバーサルデザイン』創刊準備号発行
1998	6	「21世紀のためのデザイン国際会議(Designing for the 21st Century)」開催(UDに関する最初の国際会議:ニューヨーク) 上記会議の時点ですでにUDに対してさまざまな解釈あり誤解・混乱も多くなっていたためメイスが「ユニバーサルデザインの考え方」講演。その10日後急逝。

第11章　ユニバーサルデザイン温故知新

1998	6	バリアフリー推進を念頭に「建築基準法」改正
1998	9	家電製品協会「家電製品における操作性向上のための凸記号表示に関するガイドライン」発行
1998	10	郵政省「障害者等電気通信設備アクセシビリティ指針」
1998	11	国内初のUD国際イベント「誰もが利用しやすい街づくり・モノづくりをめざして」開催（横浜）
1998	11〜	世界初の ユニバーサルデザイン展「Unlimited by Design（制限しないデザイン）」開催（ニューヨーク）
1998		EIDD、ミッションステートメントの「バリアフリー」の語を「デザインフォーオール」に改正
1998		ISOに「規格制作者のための高齢者および障害のある人たちへの配慮設計指針」作成提案
1999	1	英国RCAロジャー・コールマン「ヘレンハムリン研究センター」設立
1999	5	米国、WAIによりWeb Contents Accessibility Guideline1.0発表
1999	6	「ユーザビリティの規格」「ISO13407（インタラクティブシステムにおける人間中心設計プロセス）」発行。（2000年にJIS Z8530）。2010年に改定。
1999	11〜	経済産業省「第一次ユニバーサルデザイン懇談会」開催
1999		カナダ、リサーチ・イン・モーションが元祖スマートフォン「BlackBerry」発売
1999		国際連合「国際高齢者年」〜すべての世代のための社会をめざして〜
1999		米国、NIDRR（国立障害＆リハビリテーション研究所・通称ナイダー）の5カ年計画に「ユニバーサルデザイン」を掲げる
1999		米国、アクセスボードがテレコミュニケーション法255条のアクセシビリティに関するガイドラインの最終決定を発表
2000	5	国土交通省「高齢者・身体障害者等の公共交通機関を利用した移動の円滑化の促進に関する法律（交通バリアフリー法）」施行（交通空間の障壁除去に向けて一定の法的拘束力が作用するように）
2000	6	「21世紀のためのデザイン国際会議(Designing for the 21st Century II)」開催（プロヴィデンス）。日本のマンガがUDとして取り上げられる。
2000	10	経団連「21世紀のわが国観光のあり方に関する提言」で「誰もが楽しめる観光（ユニバーサル・ツーリズム）の推進」
2000	12	厚生省「『社会的な援護を要する人々に対する社会福祉のあり方に関する検討会』報告書」のなかで初めて「インクルージョン」と言う言葉を使用
2000〜	11	高齢者・障害者配慮設計指針（JIS）発行
2001	1	「e-JAPAN戦略」策定
2001	3	2002年の日韓共同開催サッカーワールドカップにあわせて交通エコロジー・モビリティ財団が125種類の「一般案内用図記号」策定。2002年に110種類の「JIS Z 8210 案内用図記号」として標準化。
2001	5	経済産業省「UD製品の市場規模2025に年までに少なくとも約16兆円」と試算
2001	5	世界保健機構（WHO）「国際生活機能分類（WHO/ICF）」で障害について再定義「能力差、特に加齢によるものは人間の経験の正常な部分である」
2001	11	「ISO/IEC ガイド 71」（規格作成における高齢者・障害者への配慮ガイドライン）発行（日本が議長国）。米英からの提案により「アクセシブルデザイン」の語を採用
2001	11	ユネスコ「世界文化多様性宣言」採択

年	月	事項
2001		ヘレンハムリン研究所、インクルーシブデザインの国際会議「Include」開催（以後、隔年開催。、欧州UDのメッカに）
2001		伊藤啓（当時：国立基礎生物学研究所）と岡部正隆（当時：国立遺伝学研究所）が、科学者を対象に「色覚バリアフリー」の啓発活動を開始
2001		欧州標準化機関「CEN/CENELEC ガイド6」採用以降、スペイン、イタリア、ドイツ、韓国など次々と「ISO/IEC ガイド71」を国家規格として採用
2002	4	「第2回 国連高齢者問題世界会議」開催。アナン総長「我々の基本的な目的はあらゆる年齢のすべての人々に適した社会の構築である」
2002	4	阪神淡路震災の教訓から「減災のための『やさしい日本語』研究会」設立
2002	11	「国際ユニバーサルデザイン会議2002」開催（横浜）。会議テーマ「人間（ひと）のために一人一人のために」。「国際ユニバーサルデザイン宣言2002：一人ひとりの人間性を尊重した社会環境づくりをユニバーサルデザインと呼ぶ」→IAUD発足へ 第1回ユニバーサルデザイン全国大会の開催（静岡県）
2002	12	「障害者基本計画」策定（重点的課題としてIT革命への対応「情報バリアフリー化の推進」）
2002		ISO/IEC Guide 50「安全側面－子供の安全指針」改定
2002		JIS Z 8210:2002「標準案内用図記号」110項目が規格化
2003	1	小泉総理「訪日外国人旅行者数を2010年に倍増」→「ビジット・ジャパン事業」へ
2003	4	浜松市、日本国内で初めて「ユニバーサルデザイン条例」を施行
2003	6	JIS Z 8071「高齢者及び障害のある人々のニーズに対応した規格作成配慮指針」発行
2003	10	「JIS S 0032 高齢者・障害者配慮設計指針―視覚表示物―日本語文字の最小可読文字サイズ推定方法」制定
2003	10	「日中韓アクセシブルデザイン委員会」設立
2003	11	国際ユニヴァーサルデザイン協議会（IAUD）」設立
2004	5	「高齢者・障害者等配慮設計指針－情報通信における機器、ソフトウェア及びサービス 第1部：共通指針、第2部：情報処理装置、第3部：ウェブコンテンツ」公示
2004	6	「ユニバーサル社会の形成促進に関する決議」（参議院本会議）「バリアフリー化推進要綱」公表
2004	6	「少子化社会対策大綱」制定。「妊婦、子ども及び子ども連れの人にも配慮した子育てバリアフリーの推進」が盛り込まれる
2004	6	経団連「企業行動憲章」で「ユニバーサルデザイン」に触れる
2004	10	「NPO法人カラーユニバーサルデザイン機構（CUDO）」設立
2004	12	「21世紀のためのデザイン国際会議（Designing for the 21st Century Ⅲ）」開催（リオデジャネイロ）「南北格差もUDが解決すべき問題である」／スーザン・セナジー「今後はサステイナブル・ユニヴァーサルデザインを目指すべき」
2004		EIDDデザイン・フォー・オールに関する「EIDDストックホルム宣言」
2004		英国「インクルーシヴデザインマネジメントに関する英国標準」策定
2004		パナソニックとイワタ、ユニバーサルデザインフォントの共同開発開始
2005	4	「コミュニケーション支援用絵記号デザイン原則 JIS T0103:2005」313個が標準化
2005	7	「ユニバーサルデザイン政策大綱」策定（国交省「交通バリアフリー法」と「ハートビル法」の一本化方針を示す）

2005	10	ユネスコ「文化的表現の多様性の保護及び促進に関する条約」採択（アメリカとイスラエルは反対）
2005	12	内閣府「バリアフリー化推進に関する国民意識調査」で「BF認知度93.8%、UD認知度64.3%」（以後ともに斬減）
2006	3	「JIS S 0033 高齢者・障害者配慮設計指針―視覚表示物―年齢を考慮した基本色領域に基づく色の組合せ方法」制定
2006	3	厚生労働省「マタニティマーク」制定
2006	5	EIDD「Design for All Europe」に改称
2006	6	「高齢者、障害者等の移動等の円滑化の促進に関する法律」（バリアフリー新法）制定（「交通バリアフリー法」と「ハートビル法」が一本化）
2006	12	国連「障害者の権利に関する条約」採択。第2条に「ユニバーサルデザイン」が定義
2006		米国、全放送への字幕追加開始
2007	2	世界で初めて「超高齢社会」（21.1%）に突入
2007	3	ユネスコ「文化多様性条約」発効（日本は未批准）
2007	6	「観光立国推進基本計画」閣議決定
2007	6	アップル「iPhone」発売
2007	7	金融庁「金融商品取引業等に関する内閣府令」「契約締結前の書面交付義務」で文字サイズ規定
2007	9	国連「障害者権利条約」署名
2007	10	「IAUD・UDマトリックスVer.1.00」公開
2007		EUでライターのチャイルドレジスタンス法制化
2007		ドイツ、ユニバーサルデザイン社とiFインターナショナル・フォーラム・デザイン社との共催で国際コンテスト「ユニバーサルデザインアワード」創設
2008	3	内閣府「バリアフリー・ユニバーサルデザイン推進要綱」策定（バリアフリーに関する関係閣僚会議）
2008	6	警察庁「警察版コミュニケーション支援ボード」導入
2008	秋	アダプティブ・エンバイロメンツが「IHCD：Institute for Human Centered Design」に改称
2008	春	グッドデザイン賞の制度の見直しで『ユニバーサルデザイン賞』なくなる（基本的なデザイン概念として迎えられ／その概念が定着すれば役割を終え）
2009	3	「JIS T 0923 高齢者・障害者配慮設計指針－点字の表示原則 及び点字表示方法―消費生活製品の操作部」制定
2009		中国「ISO/IEC ガイド71」を国家規格として採用
2010	2	Windows 8のフラットデザイン「メトロUI」発表（2006年のZuneメディアプレイヤーからの流れ）
2010	3	「ISO 9241-210 インタラクティブシステムのための人間中心設計」発行（1999年発行の「「ISO 13407 人間工学 - インタラクティブシステムの人間中心設計プロセス」の改定）
2010	3	「JIS S 0041:2010 高齢者・障害者配慮設計指針－自動販売機の操作性」制定
2010	3	「JIS S 0042:2010 高齢者・障害者配慮設計指針－アクセシブルミーティング」制定
2010	4	産総研「TR S 0005　ロービジョンの基本色領域データ集」発表
2010	4	産総研「TR S 0004 TR S 0004 視標検出視野の加齢変化に関するデータ集」発表
2010	10	「ISO26000」発行（「社会的責任の中核主題」＞「6.7消費者課題」＞追加原則「（4）ユニバーサルデザインの推進」）

年	月	事項
2011	4	3.11を機に「命を守る・生き残るためのデザイン」の重要性(インフォグラフィックス、ピクト、サインなど)が見直される
2011	4	日経デザインが「スマートデザイン」提唱(「いつも」と「もしも」をつなぐデザイン)
2011	8	「JIS X 8341-7 高齢者・障害者等配慮設計指針―情報通信における機器,ソフトウェア及びサービス―第7部:アクセシビリティ設定」制定
2011	10	経済産業省「インフォグラフィックス」の手法を用いて、専門家や国の持つ知識・データとクリエイターの「伝える」力を結びつけていくプラットフォーム「ツタグラ[伝わるINFOGRAPHICS]」開設
2011	11	さいたま市「さいたま市誰もが共に暮らすための障害者の権利の擁護等に関する条例」(通称:ノーマライゼーション条例)制定(日本初)
2012	3	「JIS Z 26000(社会的責任に関する手引)」発行
2013	4	特許庁、政府が発行する公文書としては初めて「インフォグラフィックス」を採用
2013	6	「障害者差別解消法」成立および「障害者雇用促進法」改正
2013	6	フラットデザインを採用した「iOS 7」発表
2013	9	東京オリンピック・パラリンピック決定
2013	9	高齢化率25.0%に
2013		外国人旅行者年間1000万人を初めて達成
2014	1	「2020年に向けて訪日外国人旅行者2000万人」
2014	1	国連「障害者権利条約」批准
2014	5	視覚障害者への識別性が向上した五千円券発行
2014	7	JIS Z 8210「案内用図記号」追加改正
2015	3	インド初のUD国際会議UDAD開催
2015		訪日外客数1973万人(前年比147%)
2016	6	東京オリンピック・パラリンピック競技大会組織委員会「アクセシビリティ サポートガイド基礎編」発行

索 引

アルファベット

Accident ……………………… 192
ADA法（Americans with Disability Act）…………………………… 15
Affordance …………………… 72
CEN/CENELEC Guide 6 ……… 20
CSR ………………… 51, 76, 237
Customer satisfaction
（顧客満足）…………………… 2
CSV（Creating Shared Value）… 235
Effectiveness（有効さ）……… 60
Efficiency（効率）…………… 60
IAUD UDマトリックス…… 44, 230
Injury ………………………… 192
Invisible Design …………… 228
ISO 9241 ……………………… 60
ISO 9241-11 ………………… 34
ISO 11156 …………………… 145
ISO 13407 …………………… 40
ISO 26000 …………………… 235
ISO/IEC GUIDE 50 ………… 207
ISO/IEC Guide71 ………… 20, 146
ISO/TC 159 …………………… 24
ISO/TR 16982 ……………… 45
JIS S 0021 …………………… 145
JIS S 0022 …………………… 149
JIS S 0022-3 ………………… 149
JIS S 0022-4 ………………… 132
JIS S 0025 …………………… 151
JIS T0103 ……………… 165, 166
JIS X 8341-3 …………… 176, 178
JIS Z 8071 ………… 18, 21, 146
JIS Z 8210 …………………… 164
JIS Z 8500 …………………… 46
JIS Z 8530 …………………… 41
J. J. Gibson ………………… 72
Satisfaction（満足度）……… 61
SD法 ………………………… 55
UDフォント ………………… 156
USBメモリ …………………… 31

あ

アクセシビリティ・サポーター
「ZoomSight」………………… 96
アクセシブルデザイン…… 18, 219
アクセシブルデザイン包装…… 145
アクセシブルミーティング…… 219
アフォーダンス……………… 38, 72
アルミホイル………………… 126
一貫性………………………… 39
一対比較法…………………… 55
医療機器……………………… 97
インクルーシブデザイン……… 19
インフォグラフィックス……… 229
インデックス………………… 122
ウエブアクセシビリティ…… 176
ウエブフォント……………… 184
薄型テレビ…………………… 91
運動力学（kinetics）………… 46
エルゴインデックス………… 122
エレベーター…………… 101, 211
エンパワーメント

（empowerment）·················· 222
横断歩道·························· 216

か

カーナビ·························· 114
会議への配慮······················ 218
開封性試験方法···················· 149
開封のしやすさ···················· 137
可読性···························· 160
カラーアジャスタブルWeb
　画面開発用ツール··············· 95
感性工学
　（kansei engineering）··········· 46
官能検査··························· 54
企業の社会的責任·················· 51
危険の凸警告表示················· 151
キッズデザイン··················· 189
キッズデザイン協議会············· 190
キッズデザイン賞················· 198
キッズデザインの基本的考え方
································ 191
ギブソン（James J. Gibson）··· 38
行送り··························· 180
行長と行間······················· 176
共用品······················· 17, 219
近接効果·························· 40
グッドデザイン賞················· 228
組版····························· 172
クレド（Credo：信条）········ 222
経済産業省······················· 193
行為の7段階理論·················· 35
公共ディスプレイ向けジェスチャ
　ユーザインタフェース········· 93

洪水関連図記号··················· 164
行動特性························· 189
高齢者にも見やすい表示·········· 109
高齢者の特性······················ 48
五感····························· 108
顧客満足度························ 45
呼吸数···························· 57
子どもの視点····················· 189
子どもの死亡原因················· 188
子どもの身体特性データ·········· 196
コミュニケーション支援ボード 170
コミュニケーションツール······· 165

さ

採点法···························· 55
産業技術総合研究所··············· 194
シーン適合度····················· 122
システムモデル···················· 40
自動販売機························ 30
シナリオ·························· 43
視認性··························· 160
シャワー・バス水栓················ 32
シャンプー容器··················· 210
順位法···························· 55
障害者権利条約···················· 14
障害の社会的モデル··············· 231
蒸気レス炊飯器··················· 199
消費者政策委員会
　（COPOLCO）················ 18
商品のわかりやすさ··············· 134
情報····························· 154
食材ピクトグラム················· 170

第11章 ユニバーサルデザイン温故知新　*259*

食品用ラップフィルム………… 126
書体………………………………156
触角記号………………………… 126
触角識別表示…………………… 149
信号……………………………… 216
心拍数…………………………… 56
シンボルマーク………………… 163
心理特性………………………… 189
ステアリング…………………… 115
スパイラルアップ……………… 122
寸法の代表値…………………… 48
生活シーン……………………… 120
製造物責任……………………… 45
西武鉄道株式会社30000系車両
　………………………………… 103
生理指標………………………… 49
ソーシャル・インクルージョン… 232

た

第三者への配慮………………… 188
ダイバーシティ（多様性）…… 230
多機能トイレ…………………… 212
チャイルド・レジスタンス
　（CR）………………………… 205
調理器具………………………… 127
使いやすさ…………… 34, 54, 142
津波関連図記号………………… 164
定性的評価手法………………… 63
定量的評価手法………………… 63
適合性（compatibility）……… 36
デザインコンセプト…………… 43
デザイン性……………………… 160

デザインフォーオール……… 18, 19
デザインモデル………………… 40
千の電気抵抗…………………… 57
電気ケトル………………………200
転倒止水機能……………………201
ドアの開閉……………………… 121
ドアの乗降性…………………… 120
凸記号表示………………………210
凸点と凸バー…………………… 67
ドラム式洗濯乾燥機…………… 87
トランスジェネレイショナル
　デザイン……………………… 19

な

7つの原則……………………… 16
ニールセン（Jakob Nielsen）… 34
二重接面理論…………………… 37
日常における違和感…………… 131
2点間の弁別閾値……………… 58
人間工学（ergonomics）……… 45
人間工学的指標………………… 49
人間工学の技術委員会………… 24
人間生活工学研究センター
　（HQL）……………………… 195
人間中心設計
　（human-centered design）…… 40
認知心理学
　（cognitive psychology）……… 46
脳波……………………………… 57
ノーマン（Donald Norman）… 35
ノンステップバス………………213

260

は

- バイオメカニクス（biomechanics）……… 49
- 廃棄のしやすさ……… 144
- パッケージの機能……… 131
- 券売機……… 30
- 発話思考法……… 67
- バリアフリーデザイン……… 19
- 判別性……… 160
- ピクトグラム……… 163
- 非文字情報……… 163
- ヒューマンインタフェース（human interface）……… 36
- 標準案内用図記号……… 164
- フォント……… 156
- 不慮の事故……… 188
- 文書表現……… 172
- 文房具……… 127
- ペルソナ……… 43
- 報知音……… 210
- ホスピタブルデザイン（Hospitable Design）……… 223
- ホスピタリティ（hospitality）……… 222
- ホスピタリティ産業……… 222
- 歩道と車道の段差……… 216
- 哺乳瓶……… 206
- ポピュレーションステレオタイプ（population stereotype）……… 38

ま

- マッピング……… 39
- 満足……… 2
- メーターパネル……… 110
- メンタルモデル……… 40
- 持ちやすさ……… 140

や

- やけど……… 204
- ユーザーテスティング……… 66
- ユーザビリティ……… 34, 45, 59
- ユニバーサルデザイン……… 16
- ユニバーサルデザインの7原則……… 108
- ユニバーサルデザインフード……… 128
- ユニバーサルデザインフォント……… 156
- 指はさみ防止……… 203
- 浴室での事故……… 201

ら

- ライター……… 205
- ライフサイクル……… 76
- 力学指標……… 49
- 利用者にとっての価値……… 33
- 利用品質……… 76
- リードユーザー法……… 238
- レイアウト……… 172
- 冷蔵庫……… 88
- ロナルド・メイス（Ronald L. Mace）……… 16, 108

増補版　人間工学とユニバーサルデザイン新潮流

平成 20 年 3 月 31 日	初版
平成 25 年 3 月 1 日	改訂版
平成 29 年 1 月 5 日	増補版
令和 3 年 3 月 10 日	増補版 2 刷

定　価：本体 2,600 円＋税　　《検印省略》

著　者　ユニバーサルデザイン研究会編
発行人　小林大作
発行所　日本工業出版株式会社
　　　　本　　　社　〒113-8610 東京都文京区本駒込 6-3-26
　　　　　　　　　　TEL03-3944-1181　FAX03-3944-6826
　　　　大阪営業所　〒541-0046 大阪市中央区平野町 1-6-8-705
　　　　　　　　　　TEL06-6202-8218　FAX06-6202-8287
　　　　振　　　替　00110-6-14874

■乱丁本はお取替えいたします。

ISBN978-4-8190-2819-6　C2052　¥2600E